国家自然科学基金重点项目（79830030）
国家自然科学基金面上项目（70572075）

新视角下的创业投资与创业管理

陈德棉 等著

同濟大學出版社
TONGJI UNIVERSITY PRESS

图书在版编目(CIP)数据

新视角下的创业投资与创业管理 / 陈德棉等著. —
上海：同济大学出版社，2020.9
ISBN 978-7-5608-9393-8

Ⅰ.①新… Ⅱ.①陈… Ⅲ.①创业投资—研究②创业—企业管理—研究 Ⅳ.①F830.59②F272.2

中国版本图书馆 CIP 数据核字(2020)第 129847 号

新视角下的创业投资与创业管理
陈德棉　**等著**
责任编辑　陆克丽霞　　**责任校对**　徐春莲　　**封面设计**　陈益平

出版发行　同济大学出版社　　www.tongjipress.com.cn
(地址:上海市四平路 1239 号　邮编:200092　电话:021-65985622)
经　　销　全国各地新华书店
排　　版　南京文脉图文设计制作有限公司
印　　刷　上海安枫印务有限公司
开　　本　710 mm×1000 mm　1/16
印　　张　10.75
字　　数　215 000
版　　次　2020 年 9 月第 1 版　　2020 年 9 月第 1 次印刷
书　　号　ISBN 978-7-5608-9393-8

定　　价　68.00 元

前　言

投资或者创业，看起来好像是经济学与管理学的概念范畴，但是全世界范围内(中国在短缺经济以后时代也不例外)，创业企业的成功率不超过1%，创业企业的存活率不超过10%，我们总不能说99%不成功的创业者都不懂经济学和管理学吧。在美国长期资本管理公司创始团队中，有20年的成功投资经验，其掌门人被誉为“点石成金”的华尔街债务套利之父，甚至有两名诺贝尔经济奖得主加盟。此公司既是一个创业公司，也是一个受托资本管理对外投资的公司。但此公司却因亏损90%以上而走到破产边缘，最后因被人接管而避免了倒闭的厄运。难道此公司的创始团队不懂经济学和管理学？因此，关于成功率与成功程度，可能还有除经济学与管理学知识以外的其他影响因素“存在”。

在投资与创业领域以外，也有类似案例，如很努力，智商与情商都很高，专业知识掌握扎实的个体，虽然曾经辉煌，最终却遭受严重挫折，甚至失败。因此，成功率与成功程度，应有除努力、智商与情商、专业知识等之外的“存在”。这就是本书研究的第一个问题，反过来，无论是在创业或者投资领域，还是在其他领域，也有些人，看起来智商与情商似乎不高，却取得了惊人的成就。这些能否表明，影响成功率与成功程度的因素，尚有努力、智商与情商、相关专业知识等以外的“存在”。

上述所提到的“存在”，都是一些怎样的“存在”？

无论什么样的投资，离不开狭义上的五要素：胜率、盈亏比、交易频率、杠杆、总收益。鲜有人做投资，可以有百分之百胜率的，特别是创业投资。因此，如何提高胜率、盈亏比和交易频率呢？

同样，无论做什么样的工作，包括但不限于创业，也离不开广义上的五要素：成功率、成功程度、成功时间、边际效应、总收获。那么，如何提高成功率和成功程度、缩短成功时间呢？因此，本书所研究的第二个问题是研究上述所说的“存在”的狭义与广义上的应用。

投资有两个本质：第一是投人，第二是投未来。即使是创业者去创业，也是一种投资，即创业者自己投资自己。未来是由人去判断和把控的，所以投未来，间接地讲也是投人。在创业过程中，每项决策和行动，同样都是由人做出的。因此，本书研究的第三个问题是：具备什么样禀赋的人（或者狭义讲，掌握一些什么样的知识与技能），才有可能拥有更高的成功率和成功程度，同时用时更短呢？

本书的第1、2、3、4、5、11章由陈德棉完成，第6章主要由郑建贤完成，第7章由邹大山完成，第8章主要由王健立完成，第9章由施国平完成，第10章由李强完成。

非常感谢中国工程院院士杨善林教授20多年来的关心和支持！非常感谢曾经与我共事过的陈玉祥教授、朱东华教授、刘云教授、朱桂龙教授等！非常感谢与我共事了20年的同济大学黄渝祥教授、张玉臣教授、陈松教授等！非常感谢国家自然科学基金委员会给予我此项研究的大力支持！非常感谢曾经与我一起完成国家自然科学基金重点项目的吉林大学蔡莉教授、葛宝山教授等合作伙伴！非常感谢在实践领域曾经与我共事过的原深圳创新投资集团总裁阚治东先生、陈玮先生、程厚博先生等给予我的关心与支持！非常感谢李姚矿教授、刘勤博士、谢胜强博士等！非常感谢同济大学吴为民教授在全书定稿过程中提出的宝贵意见！非常感谢所有关心与支持我的人！

陈德棉

2019年12月2日

目　录

前言

第1章 投资与底层的“存在”

1.1 典型案例与普遍现象

1.1.1 典型案例——美国长期资本管理公司(LTCM)

1. 团队情况

美国长期资本管理公司(Long-Term Capital Management, LTCM)掌门人是梅里韦瑟(Meriwehter),他被誉为能“点石成金”的华尔街债务套利之父。他聚集了华尔街一批证券交易的精英加盟:1997年诺贝尔经济学奖得主默顿(Robert Merton)和斯科尔斯(Myron Scholes),他们因期权定价公式荣获桂冠;财政部前副部长及美联储前副主席莫里斯(David Mullis);所罗门兄弟公司前债券交易部主管罗森菲尔德(Rosenfeld)。这个精英团队内荟萃职业巨星、公关明星、学术巨人,真可谓“梦幻组合”。

2. 骄人业绩

在1994—1997年,LTCM业绩辉煌骄人。成立之初,资产净值为12.5亿美元,到1997年年末,达到48亿美元,净增长2.84倍。每年的投资回报率分别是:1994年为28.5%,1995年为42.8%,1996年为40.8%,1997年为17%。

3. 行业地位

LTCM创立于1994年,它与量子基金、老虎基金、欧米伽基金一起被称为国际四大“对冲基金”。

4. 发展简史

LTCM通过建立数学模型,在此基础上形成一套电脑自动预测与投资系统。

自创立以来,LTCM一直保持骄人的业绩,公司的交易策略是“市场中性套利”,即买入被低估的有价证券,卖出被高估的有价证券。

1996年,LTCM大量持有意大利、丹麦、希腊政府的债券,而沽空德国债券,

LTCM采用模型进行预测，而市场表现与LTMC的预测惊人的一致，LTCM获得巨大收益。

LTCM的数学模型，由于建立在历史数据的基础上，在数据统计过程中，一些概率很小的事件常常被忽略掉，因此，也就埋下了隐患。一旦小概率事件发生，其投资系统将产生难以预料的后果。

1998年，LTCM的预测模型由于没有考虑国际石油价格下滑、俄罗斯国内经济不断恶化、俄政府宣布卢布贬值、停止国债交易、投资者纷纷从发展中市场退出等影响因素，做错了投资方向。LTCM利用从投资者那儿筹来的22亿美元作资本抵押，买入价值3 250亿美元的证券，杠杆比率高达60倍。由此造成该公司的巨额亏损。从5月俄罗斯金融风暴到9月全面溃败，短短的150天它的资产净值下降90%，出现了43亿美元的巨额亏损，仅余5亿美元，已走到破产边缘。9月23日，美联储出面安排，以美林、摩根为首的15家国际性金融机构注资37.25亿美元购买了LTCM 90%的股权，共同接管了该公司，从而避免了它倒闭的厄运。

1.1.2 普遍现象

美国长期资本管理公司中有两位诺贝尔经济学奖得主，我们不可能说这两位不精通经济学。

如果说美国长期资本管理公司和两位诺贝尔经济学奖得主只是一种个别现象的话，那么我们又该如何解释：全世界范围内（中国在短缺经济以后时代也不例外），在市场竞争中，为什么创业企业的成功率不超过1%？创业企业的存活率不超过10%？我们总不能说这些绝大多数未能成功的创业者及其团队都不懂经济学和管理学吧。

我们不得不说，在实际的经济与管理领域，除经济学与管理学以外，还有底层的“存在”。

1.2 投资的第一项“两个本质”和投资“五要素”

1.2.1 投资的第一项“两个本质”

投资的第一项“两个本质”分别为：第一是投人，第二是投未来。

1. 投人

如果是股票投资，买的是上市公司的股票，其投资收益与上市公司的业绩有关，而上市公司的业绩与其经营管理团队有关。所以，对于股票投资而言，投资的第一个本质是投人。

如果是创业投资，其投资收益同样与被投资企业的业绩有关，而该业绩同样与其经营管理团队有关。所以，对于创业投资而言，投资的第一个本质还是投人。

如果是基金投资，其投资收益与基金管理人有关。所以，对于基金投资而言，投资的第一个本质依然是投人。

在创业投资（或者称风险投资）实践领域流传着这样一种说法：第一是投人，第二是投人，第三还是投人。为什么这样说呢？

第一是投人，指创业过程是需要人去执行的。第二是投人，指创业行业选择，而这种选择也是人去决定的。第三是投人，指商业模式设计，而这种商业模式设计也是人去完成的。

对于同样的行业和商业模式，如果是个人自己创业，其实就是对自己进行投资，即你相信自己会创业成功。如果你从事创业投资，若将资金投资给甲而非乙，也就代表你相信甲会成功，认为乙不会成功。

对于证券、期货投资而言，如果是个人直接操盘，同样，其实就是对自己进行投资。如果你委托甲进行投资，而不委托乙，则本质上是将资金投资于甲。

所以，投资的本质之一是投人。

2. 投未来

如果是期货投资，其收益与对未来的走势判断正确与否有关。所以，对于期货投资而言，投资的第二个本质是投未来。

如果是物业投资（如房地产投资），其收益与物业未来是否升值有关。所以，对于物业投资而言，投资的第二个本质是投未来。

即使是创业投资，其成功程度也是与被投资企业所选择的行业和商业模式的未来有关。所以，对于创业投资而言，投资的第二个本质是投未来。

3. 人的难以识别性

通常，人们在认识上会存在一些误区，比如认为自己是最值得相信的，或者认为以往顺利和有成功案例的人是值得信赖的，其实不然。

4. 未来的难以预知性

假定影响未来结果的因素有10类，并且这些影响因素出现的先后顺序不一样，未来的结果也会不一样。那么，未来可能有几种结果呢？

上述问题的答案是10！即等于3 628 800。假定影响未来结果的因素有11类，则未来可能结果就有39 916 800种。

上面，我们只是用数学上的概率统计来描述未来的可能性。如果将结果与影响因素写成函数的话，有：

$$y=f(x_1, x_2, \cdots, x_i, \cdots, x_n) \tag{1-1}$$

式中，x_i 代表第 i 类影响因素。

假定每类影响因素还有不同的影响强度之分，且自变量是连续的，则意味着结果会有无数种。

1.2.2 投资“五要素”

投资是投未来，而未来是难以预知的，同时，影响未来的因素本身也是难以预料的。把握未来靠的是人，但是由于人本身是难以被识别的，因此投资就有了五要素：胜率、盈亏比、交易频率、杠杆和总收益率。

1. 胜率

任何投资不可能做到百分之百成功，均会存在一定的失败风险。所谓胜率，是指成功次数占总投资次数的比例。假设进行 10 次投资，其中成功（即产生盈利）的有 6 次，失败（即产生亏损）的有 4 次，则胜率就是 60%。

2. 盈亏比

胜率大并不等于总收益高，胜率小也并不意味着总收益低。盈亏比是指投资成功时的盈利和失败时的亏损比例。

【案例 1】 甲和乙起始都有资金 100 万元，他们在同样的一段时间内将资金分成 10 等分，同时进行了 10 次投资。甲有 6 次投资是盈利的，4 次投资是亏损的，盈利时的平均收益率为 2%，亏损时的平均亏损率为 1%；乙有 4 次投资是盈利的，6 次投资是亏损的，盈利时的平均收益率为 4%，亏损时的平均亏损率为 1%。那么，甲、乙的总收益率是多少？

通过计算，总收益率结果如表 1-1 所列。

表 1-1 甲和乙的投资总收益率

指标	甲	乙
赢利次数	6	4
平均收益率	2%	4%
亏损次数	4	6
平均亏损率	1%	1%
胜率	60%	40%

（续表）

指标	甲	乙
盈亏比	2	4
总收益率	0.8%	1%

由表 1-1 可以看出，盈亏比是一个非常重要的指标。

3. 交易频率

交易频率是指在一定时间内的交易次数。

【案例 2】 甲和乙起始都有资金 100 万元，甲在 1 年内的交易次数是 10 次，平均收益率为 0.8%；乙在 1 年内的交易次数是 3 次，平均收益率为 1.0%。甲、乙在 1 年内的总收益率各是多少？

通过计算，总收益率结果如表 1-2 所列。

表 1-2　甲和乙的投资总收益率

指标	甲	乙
平均收益率	0.8%	1%
交易次数	10	3
总收益率	8.29%	3.03%

由表 1-2 可以看出，交易频率也是一个非常重要的指标。

4. 杠杆

杠杆是指总资金与自有资金的比例。

【案例 3】 甲和乙起始都有资金 100 万元，债务融资 200 万元，合计共 300 万元用于投资，其中债务融资年利息为 6%。甲在 1 年内的投资收益率为 8.29%，乙在 1 年内的投资收益率为 5.10%，甲、乙的总收益率各是多少？

通过计算，总收益率结果如表 1-3 所列。

表 1-3　甲和乙的投资总收益率

指标	甲	乙
收益率	8.29%	3.03%
杠杆	3	3
杠杆资金利息	6%	6%
总收益率	12.88%	−2.91%

由表 1-3 可以看出，杠杆也是一个非常重要的指标。运用杠杆可以放大投资收益，但同时也增加了投资风险。

5. 总收益率

投资五要素的最后一个要素是总收益率。总收益率既与胜率、盈亏比有关，也与杠杆有关。胜率和盈亏比与投资管理人的分析方法及其相应的投资策略有关，而杠杆则与投资人的期望收益率及风险偏好有关。投资管理人可以根据投资人的期望收益率及风险偏好设定所使用的杠杆。

另外，无论是怎样的投资品种，风险分析与风险控制是至关重要的。风险分析与风险控制的水平取决于投资管理人的动态分析与变化能力。在后续章节中，我们将讲到，成为投资管理专家的标志在于动态分析与变化方法的掌握能力。

1.3 底层的“存在”和广义上的投资

美国长期资本管理公司所运用的杠杆比率高达 60 倍。用 60 倍的杠杆意味着如果反向下跌 1/60(约 1.67%)，基本上就将本金亏完了。同时，用 60 倍的杠杆也意味着赚钱“欲望”十分强烈。赚钱是“果”，而不是“因”。“因”包括但不仅限于“心态”。

上文讨论了投资的两个本质，并且总结了投资五要素。投资五要素是“果”，而不是“因”。那么，到底“因”有哪些呢？

在实际的经济与管理领域，除经济学与管理学以外，还有底层的“存在”，而这些底层的“存在”就是因，恰恰是它们在决定着投资五要素的“果”。在随后的章节中，我们将逐渐展开讨论这些底层的“存在”。

第2章 底层的“存在”与12智慧元素

2.1 透过现象看本质之一

在实际的经济与管理领域，除经济学与管理学以外，还有底层的“存在”。而投资五要素中的杠杆设定所需要但不限于的“心态”，就是一种底层的“存在”。这些底层的“存在”就是“因”。

其实，“心态”也还是一种表象。做投资需要有一个好的“心态”，这个道理很多人都懂，但是真正能做到的人却少之又少。因此，拥有一个好的“心态”，还有另外的底层的“存在”。

有一个好的“心态”，其本质涉及“财富观”的问题。只要“财富观”的问题不解决，赚钱的“欲望”就会不自觉地越来越强烈，从而会放大杠杆。比如金钱、地位、荣誉等，是生不带来、死不带去的。这样的“财富观”很容易被人理解，但是即使理解了，实际上大部分人往往也做不到。因此，树立正确的“财富观”，同样还有另外的底层的“存在”。

大家可能会问：“投资的目的难道不就是为了赚钱吗？”

投资的目的是为了赚钱，这点没有错。然而，为了投资后能成功赚到钱，我们需要反复体会《道德经》第一章的内容：

“常无欲以观其妙；常有欲以观其徼。此两者同出而异名，同谓之玄。玄之又玄，众妙之门。”

“众妙之门”中的“妙”，可以理解为规律。“众妙”则可理解为众多的规律。理解众多规律之门，我们可近似理解为智慧入门。

“常无欲以观其妙；常有欲以观其徼”中的“无欲”和“有欲”，就好像是门的开与关。门，如果永远关着，就不是门。门如果永远开着，就失去了门的功能。如果门需要开时则关着，需要关时则开着，那就成了“死门”。因此，处理好“无欲”与“有欲”的关系，才能成为“活门”。

“心态”的直接体现就是适度运用杠杆。

“心态”还会间接体现在几方面：可能提高胜率，可能提高盈亏比，可能提高交易频率。为什么这样说呢？

正确的“心态”包括但不限于：“无欲”于“果”，而“有欲”于“因”。“有欲”于“因”具体体现在进一步学习和研究投资的客观规律。

我们说投资的本质之一是投人。对于创业投资（主要指早、中期阶段的投资）而言，第一是投人，第二是投人，第三还是投人。那么，从“无欲”与“有欲”的关系处理来讲，如何识人呢？

上面是从投资角度来看其本质。企业管理也同样的。企业管理的成败基础是用户，企业的目标看起来应该是利润，其实利润是“果”，“因”则是用户满意度。互联网时代流行的话是“用户思维”和“用户体验”。因此，从创业投资角度来看，尽职调查中不可少的环节是用户调查。如果用户满意度在不断提升，则就是创业团队“无欲”于“果”，而“有欲”于“因”的具体体现。

对于创业投资来说，被投资企业成败的第一个基础是用户，离开用户，一切都是空的。所以说基础之一就是“用户思维”和“用户体验”。而能够做到这点的本质就是创业团队是否可以做到“无欲”于“果”，而“有欲”于“因”。

2.2 透过现象看本质之二

要做到“无欲”于“果”，而“有欲”于“因”，其实很不容易。其本质涉及“财富观”的问题。在将财富看得很重的时候，人们自然会不知不觉地放大杠杆。因此，只有拥有正确的财富观，才能够辩证地处理好“无欲”与“有欲”的关系。但是，认识到正确的财富观，与真正做到是两回事，要真正做到，就需要一种修炼。《金刚经》第四品云：“**若菩萨不住相布施。其福德不可思量**。”其中，“不住相布施”大意是指帮助别人不图回报。“不住相布施”也可以理解为将财富捐赠出去而不留姓名。如果长期坚持，这就是一种修炼。长期坚持以后，正确的财富观才不会只停留在认识层面上，而是真正做到了。同样地，也就是前面所说的除经济学和管理学以外的底层的“存在”。

由此可知，无论是做投资，还是企业管理，正确的“心态”，包括但不限于正确的“财富观”。而要树立正确的“财富观”，同样是很不容易的，既要有认识，更需要长期修炼，而修炼的法门就是“不住相布施”。它既是一种智慧，也是在积累福德，我们近似地称之为福德入门。

同样，我们说投资的本质之一是投人。对于创业投资（主要是指早、中期阶段的投资）而言，第一是投人，第二是投人，第三还是投人。那么，从“财富观”来看，如何识人呢？

被投资企业要做到用户满意，不仅是领头人的事情，也是团队和员工的事情，同样还需要供应商的配合。因此，从投资前的尽职调查来讲，“财富观”具体体现在团队和员工对薪酬和激励机制是否满意，是否存在拖欠供应商的货款等情况。另外，消费行为也并非是完全理性的，被投资企业的社会形象也会影响消费者的选择，比如被投资企业愿意做公益和慈善事业，这会提升其社会形象。

对于创业投资来说，被投资企业成败的第二个基础是团队、员工和供应商，离开这些，同样，一切都是空的。而团队、员工和供应商的满意和配合程度的本质，与领头人的“财富观”有密切关系。

2.3　透过现象看本质之三

智慧入门（“**常无欲以观其妙；常有欲以观其徼**。”）可以使人更注重做好研究，重在“因”而不在“果”，自然可以提高胜率。

我们讲创业投资，第一是投人，第二是投人，第三还是投人。第一是投人，指创业团队在执行层面的经营管理。同样，用户思维是“因”，即“有欲”于“因”，运营管理的绩效是“果”，即“无欲”于“果”，自然就会有好的“果”，对于投资者来说，自然也就提高了胜率。

另外，创业投资还有道德风险，而有了正确的“财富观”的创业团队，道德风险自然大大降低，对于投资者来说，自然就多了一分胜率。

被投资企业未来的成就与创业领头人的志向有关，其志向到底有多大，自然就决定了其行业选择和商业模式。因此，对于拥有大志向的创业领头人而言，一旦创业成功，给投资者带来的回报自然就高。因此，创业投资的盈亏比与所选择的被投资企业的领头人的志向有本质上的联系。

对于志向，我们也可理解为上进心。上进心，即一种愿力。创业企业领头人的愿力大小，决定了他对现有团队和未来人才的凝聚力，一旦有了很强的凝聚力，创业成功的把握自然就多了一分，对于投资者来说，也就多了一分胜率。

如何识别愿力大小呢？

愿力不是挂在口头上的。比如有过创业失败经历的人，如果继续创业，还保持强烈的上进心，那么选择这样的创业领头人来进行投资，自然就多了一分胜率。

被投资企业是否成功，与团队之间的配合有一定关系，从创业投资角度来看，要提高胜率，还需要考察被投资企业团队的配合程度。

很多人容易误解，认为放下之心是一种消极的心态。其实，放下之心有另外非常积极的一面。

放下之心是一种无法估量的正面能量。只有“破釜沉舟”之心，才有“气吞山河”的能量！只有“置之死地而后生”，才有“不战而屈人之兵”的能量。因此，只有拥有放下之心，才能辩证地处理好“无欲”与“有欲”的关系。放下面子、利益和成败得失之心，人做到定，定则能生慧。

什么人才有可能做到放下？懂上述道理是容易的，但是，懂此道理者并非能够做到。只有遇到过挫折和失败，体验过失去滋味的人，才有可能做到放下。同样地，对于创业投资而言，把资金投给有过挫折和失败经验的人，胜率反而会高一些。对于那些失败教训越深刻者，其创业成功率可能会越高。

回过来说 LTCM 公司，它的团队就是太相信自己的预测模型了。其实，任何投资没有百分之百的胜率。过于相信某一个预测方法的“心”属于“实心”。当然，不相信某一个预测方法的“心”，又属于“虚心”。正确的心应该是“无实无虚之心”。我们从创业投资角度来讲，“无实无虚之心”可以理解为：既要认真学习、消化吸收各种投资方法和技巧，又不要绝对相信任何方法和技巧。正如马克思哲学中所讲的，没有绝对真理，只有相对真理。相对真理的总和是绝对真理。

显然，上进心、配合心、放下之心和无实无虚之心，都属于底层的“存在”，并不宜将其称之为新经济学或者新管理学，因为，它们既可以应用于经济与管理实践，又可以应用于其他方方面面。同时，这些底层的“存在”，也不宜将其称之为哲学，因为认识到这些“心”，与真正做到是两回事，要真正做到，就需要修炼，而并非简单地通过学习与理解就能够实现的。

2.4 “道”“法”和“术”

所有投资或者创业的过程与结果，均可透过现象看本质。而这些本质，我们将之称为底层的“存在”。这些底层的“存在”，我们又喻为“道”层面上的话题。

从 LTCM 公司的案例中，我们知道，偏重“术”可能会遇到致命性的问题甚至灾难，但是，偏重道也是难以执行落地的。“道”“法”和“术”，三者必须兼顾。

我们如何更好地理解“道”“法”和“术”呢？

《道德经》第一章云：**“道可道，非常道；名可名，非常名。无名天地之始。有名万物之母。故常无欲以观其妙；常有欲以观其徼。此两者同出而异名，同谓之玄。玄之又玄，众妙之门。”**

“道可道，非常道。”意为：可以讲出来的道理，就不是永恒正确的道理。它与

《金刚经》第七品中“**如来所说法，皆不可取、不可说、非法、非非法。**”有相近的含义。此思想与马克思哲学思想中“没有绝对真理，只有相对真理，所有相对真理的总和是绝对真理”也有相通之处。

“**道可道，非常道。**”就是讲出了道的本质。什么是道？所有人所能够讲出来的，所能够理解的，都不是真正的道。反之，历朝历代、中外古今，越是所有人无法讲出来的，所有人都不能理解和解释的，才越接近于道。科学进步的历史告诉我们，科学发现，是永无止境的。当原有的科学谜题被解开以后，又有了新的谜题，始终有新谜题等着科学家们去探索和解决。

“**如来所说法，皆不可取、不可说、非法、非非法。**”真正的法是讲不出来的，可以讲出来的法就不是真正的法。任何方法都有其适用范围，在其范围内，是正确的，超过范围，将是错误的，也就是“非法”。但是，既然有人讲出来方法了，也是可以参考的，并非是完全错误的，即“非非法”。

可能的应用意义有四点：其一，我们给别人讲道理，讲方法，千万不要讲绝对了，并且尽量讲清楚其可能的适用范围，否则就可能自误又误人了。其二，我们听别人讲道理，讲方法，尽量思考其适用范围，否则就可能被误导。其三，学习与独立思考的意义和辩证关系。“术”只是一种针对性的“法”，例如：甲企业的考核制度，并不一定适用于乙企业。学习相对通用的法，根据通用的法，结合独立思考，针对自身特点，而产生解决自身问题的术。其四，可能会产生威力无穷的术。例如：有的商业模式(法)，最大可能是使企业市值达到百亿元。而有的商业模式(更底层的法)，则可以诞生市值超过万亿元的企业。

“道”“法”和“术”可能的层次结构如图 2-1 所示。道，是最底层的，也是永远无法达到的。越通用的法，越接近于底层的道，但是，此法永远不是绝对通用的法，越接近于解决具体问题的法，越接近于术。解决具体问题的法，可以理解为术。现实中的具体问题是无限的，所以术也是无限的。

例如：针对所有企业的考核制度的原则和方法是相对底层的法。针对零售行业相关企业的考核制度的原则和方法则高了一层，针对互联网零售行业相关企业的考核制度的原则和方法又高了一层……在此基础上，将其变成适合某具体企业的考核制度，则是术。

可能的非层次结构。越接近底层的法所产生的术，其威力越大。例如：以牛顿的经典物理学为核心的经典科学理论体系是高层的法，在此法下产生的技术——常规能量 TNT 炸药，其威力是最大的。但是，以爱因斯坦的狭义相对论为核心的现代科学理论体系是相对底层的法，在此法下产生的技术——核能量，它是常规能量的 10^7 倍。太阳能量是核能量，现在发现，类星体的能量竟然是太

图 2-1 “道”“法”和“术”可能的层次结构

阳能量的 10^{15}倍(即 1 000 万亿倍),其依据的理论体系就是更底层的法,现在科学家们还在积极探索,尚不明朗其究竟。

2.5 “逆天的理论”和“逆天的应用”

《易经·系辞上传》第四章云:“**易与天地准,故能弥纶天地之道**。”既然可以弥纶天地之道,那么,一定可以弥纶自然科学之道,也可以弥纶投资之道,也可以弥纶创业之道……

《易经·系辞上传》第二章云:“**圣人设卦观象系辞焉而明吉凶,刚柔相推而生变化**。”“设卦”是什么意思?“观象”是什么意思?为什么“圣人”会“设卦”和“观象”?

笔者结合物理学和经济学的相关理论,终于明白:“设卦”可以理解为假设。任何理论都是在假设的前提下推导得出的。几乎所有的科技和社会文明进步都来自假设的变化和重新推导。善于假设与推导的就是“圣人”。所谓“圣人”,就是与普通人有“逆天”的区别。通过改变基本假设,可以发现“逆天”的理论及“逆天”的应用。

原子弹威力是“逆天”的。传统的 TNT 炸药是所有炸药中威力最大的,但是 1 公斤原子弹的威力却等于 2 万吨 TNT 炸药的威力。后者是前者的 2 000 万倍!如此,狭义相对论可以称得上是一种“逆天”的理论,因为,依据此理论而产生的应用效果是“逆天”的。

狭义相对论的发现，本质上就是假设的改变。经典物理学的基本假设是：①相对运动速度概念下，不同运动体观察的相对光速是不一样的。②相对运动速度概念下，不同运动体观察的时间是不变的。而爱因斯坦狭义相对论的基本假设却是：①相对匀速运动概念下，不同运动体观察的相对光速是一样的。②相对匀速运动概念下，不同运动体观察的时间是变化的。

阿里系和腾讯的成就是“逆天”的。中国有 3 000 万家企业，其中做到最好的企业往往是上市公司，而中国 A 股市场上市公司目前只有 4 000 家左右，通常这些上市公司的市值在百亿元量级（大型国有上市公司除外），而阿里系和腾讯的市值在万亿元量级，后者是前者的百倍！

阿里系和腾讯的商业模式在本质上也是假设的改变。经典经济学的基本假设是：①消费者获取的信息是对称的。②消费者是“理性人”。阿里和腾讯的商业模式的深层次基本假设是：①消费者获取的信息是不对称的。②消费者是非“理性人”。

《易经·系辞上传》第四章中提到的弥纶天地之道，自然可以包括：弥纶自然科学之道，弥纶投资之道，也可以弥纶创业之道等。而弥纶的方法就是：“设卦”和“观象”，也就是假设与推导。

2.6　12 智慧元素

东方思想同样可以推演出现代科学技术体系。但是，为什么近现代的科学技术进步源头却是在西方国家呢？

问题的根源之一可能在于思维差异。东方思维习惯于“归纳”，而西方思维习惯于“演绎”。

问题的根源之二可能在于研究对象的区别。东方思维习惯于研究“人”，而西方思维习惯于研究“物”。

红、黄、蓝三种原色可以调出五彩缤纷的世界。我们融合《易经》《道德经》《金刚经》和自然科学的思想，提炼出 12 智慧元素，与三种原色有类似之处，即可以生发出各类理论、方法和知识体系。类似于绘画艺术，画家既要有先天禀赋，也需要后天练习。同样，人的智慧，既有先天性，也需要后天修炼。

古圣先贤认为《易经》是三代人的集体著作：第一代是 7 000 年前的伏羲，他画了 8 个图（后人称其为 8 卦），只有图形而没有任何文字。第二代是 5 000 年前的周文王及周公父子（周公为周文王的弟弟），其将 8 个图两两组合而成 64 个图形（后人称其为 64 卦），并加以文字解释，后人将此称为《周易》。第三代是 2 000

多年前的孔子。孔子看了周文王及周公父子所作的《周易》后，觉得实在太美了，而后作了10篇读后感，后人称之为“十翼”，并将此也作为《易经》的一部分。历史上所有古圣先贤对于《易经》的一致评价：群经之首、群经之始。《易经·系辞传》云：**“易与天地准，故能弥纶天地之道。”**

本书中的所有例子都是一种比喻，只是便于读者理解和记忆而已。为了更易于在应用方面的理解，笔者将国学12要素排序进行了变换，并将国学12要素更名为12智慧元素，二者所指实为相同概念。

1. 元素1：“南北极”

《易经·系辞上传》第一句话就是：**“天尊地卑，乾坤定也。”**无论做什么事情，没有人是不想成功的。乾坤定也，意思就是大局已定。如何做到大局已定？那就是天尊地卑给我们的启示。

天尊地卑，直接的理解是顺序正确了，引申理解就是出发点对了，或者说大方向正确了，再引申理解就是将因果关系弄明白了，即种什么因就得什么果。例如：如果想得到玉米，则播下玉米种子，就有可能得到玉米的果。因此，可以理解为下面两层含义：

(1) 要什么？如何开始？对于要什么，包括最终要什么以及不同阶段要什么。对于如何开始，包括不同阶段是如何开始的。

(2) 因果关系。用数学的语言讲就是函数关系。我们所能够理解的自然规律，不少情况可以用函数关系来描述。例如：万有引力公式 $F=G\cdot M\cdot m/r^2$。

由于函数的形式非常多样，例如有线性函数、指数函数等。所以，因果关系的形式也很多。

高等数学中的微积分就是研究各种函数变化规律的学科。而科学研究方法中很重要的一种，就是研究自然规律的因果关系，即函数关系。

其实，做好工作也是一种研究应用，即研究成功函数取决于哪些自变量(因)？最终的形式(函数关系)又如何？

创业的目标是使企业实现利润最大化。若将企业利润作为因变量(果)，其自变量(因)是销售额和成本(暂指各类成本合计)。那么，近似函数形式是：$R=M$(销售额)$-m$(成本)。

那么，若将销售额作为“果”的话，又与什么“因”有关呢？可参见式(2-1)。

$$M=V\cdot J \tag{2-1}$$

式中，V 代表市场容量；J 代表市场份额。而市场份额其实也代表着企业的竞争力。

那么，若将竞争力作为“果”的话，又与什么“因”有关呢？可参见式(2-2)。

$$J=(m_1/P_1)\cdot P_2\cdot Y \tag{2-2}$$

式中，m_1代表产品质量；P_1代表价格；P_2代表美誉度；Y代表客户购买产品的方便程度。

由此，结合其他智慧元素，我们可以推导出企业管理专业所有课程内容。12智慧元素，与三种原色有类似之处，可以生发出各类理论、方法和知识体系。

尽管讲大方向正确了，出发点正确了，大局定了，但是，并不等于最终会成功。这就涉及近期与远期目标的关系。《易经·系辞上传》云：“**夫《易》广矣大矣，以言乎远则不御，以言乎迩则静而正，以言乎天地之间则备矣。**”

对此，如何理解呢？不御，可以理解为难以驾驭。只考虑远期目标，则难以驾驭。迩，就是近(当下)的意思。静，可以理解没有风险。考虑近(当下)，就没有风险因而正确。但只考虑近(当下)，也还是不完备的，还需要考虑远期和大环境，只有如此，才完备了。只有如此，才能做到“广矣大矣”。

创业的道理亦如此。只考虑长远利润最大化，往往是难以驾驭的，且大多数情况总是亏损，需要靠融资砸钱，成功率是很低的。例如：随着互联网技术应用的创新，在共享单车领域，开始时有20多家创业企业，且这些创业企业都有创业投资资本介入，然而目前勉强得以存活下来的企业却寥寥无几。因为长远是难以预知和驾驭的。短期如果能够盈利，那就没有风险而立于不败之地了。但是，若只考虑短期盈利，没有长远目光，则难以做到利润最大化。重点考虑短期，兼顾远期，同时考虑大环境，总体思路才是对的。

老子在《道德经》中云：“**故有无相生，难易相成，长短相形，高下相倾，音声相和，前后相随**。”道理也是相同的。

《易经·系辞上传》中的“**乾坤定也**”，乾可以理解为思想、种子，坤可以理解为抓落实。好的想法最后变成现实，就需要抓落实。

2. 元素2：“赤道”

前面我们讲了远期与近期的关系。如果能够把握近期，即以言乎迩则静而正。那么，若远期大方向是正确的，但是，近期总是做不好，又该怎么办呢？在《易经·系辞上传》第二段第一句话有：“**圣人设卦观象系辞焉而明吉凶，刚柔相推而生变化**。”我们可以理解有如下两层含义。

1）假设与推导

在我们现实生活中的应用理解。例如：做某件事情遇到困难、挫折，甚至暂时失败，是因为潜意识中的假设条件不成立或不成熟，变换假设就有可能顺利和成功。又如:每个人都活在自己的假设和推导之中,认为自己能做什么和该做什么,所以做什么。人的假设决定其命运,想要改变命运就需改变假设。

几乎所有自然科学技术的进步都来自假设的变化和重新推导。善于"假设与推导"就是科学上的"圣人",见下面三个典型案例。

【案例 1】 狭义相对论。这是一个非常难懂的理论,在此我们只是为了说明问题而进行简单介绍。

狭义相对论是爱因斯坦在 1905 年提出的,这个理论的出发点是两条基本假设:狭义相对性原理和光速不变原理。狭义相对论本质上就是改变了牛顿经典物质学的假设,提出了新的假设以后而推导出来的理论体系。此理论体系预言了牛顿经典物理学所没有的一些新效应(相对论效应),如时间膨胀、长度收缩、横向多普勒效应、质速关系、质能关系等。狭义相对论已经成为现代物理理论的基础之一:一切微观物理理论(如基本粒子理论)和宏观引力理论(如广义相对论)都满足狭义相对论的要求。这些新的动力学理论已经被许多高精度实验所证实。

狭义相对论最著名的方程式就是"相对论质能方程"。数学表达式为:$E = mc^2$,其中,E 表示能量;m 表示质量;c 表示光速。由于 c^2 是一个很大的数,所以一个很小的质量都可以爆发出很大的能量。如果铀原子核裂变成总质量稍小的两个核,就会释放出巨大的能量,即核裂变,这也是原子弹能量释放的原理。

【案例 2】 量子物理学。与狭义相对论一样,也是一个非常难懂的理论。下面,我们只是为了说明问题而进行简单介绍。

与狭义相对论一样,量子力学也是经过一系列假设以后而推导出来的理论体系。

1900 年,普朗克提出辐射量子假说,假定电磁场和物质交换能量是以间断的形式(能量子)实现的,能量子的大小同辐射频率成正比,比例常数称为普朗克常数,从而得出普朗克公式,从而解释了经典物理学无法解释的黑体辐射能量分布。

1905 年,爱因斯坦引进光量子(光子)的概念,并给出了光子的能量、动量与辐射的频率和波长的关系,成功地解释了光电效应。其后,他又提出固体的振动能量也是量子化的,从而解释了低温下固体比热问题。

经典理论无法解释光具有波动和微粒的二象性现象,法国物理学家德布罗意于 1923 年提出了物质波假设。认为一切微观粒子均伴随着一个波,这就是所谓的德布罗意波。

量子力学的基本假设是：当微观粒子处于某一状态时，它的力学量（如坐标、动量、角动量、能量等）一般不具有确定的数值，而是具有一系列可能值，且每个可能值以一定的概率出现。当粒子所处的状态确定时，力学量具有某一可能值的概率也就完全确定了。基于上述假设而推导出状态函数理论。

从激光、电子显微镜、原子钟到核磁共振的医学图像显示装置，都是量子力学原理的应用。对半导体的研究导致了二极管和三极管的发明，最后有现代的电子工业、信息产业，同样是量子力学的应用。在核武器的发明过程中，量子力学的概念也起到不可或缺的作用。从某种意义上，我们可以说，如果没有一系列的假设，就没有量子物理学，就没有现代文明。

【案例 3】 *An Inquiry into the Nature and Causes of the Wealth of Nations*（《国民财富的性质和原因的研究》，简称为《国富论》）。《国富论（上卷）》出版后，其直接对英国资本主义的发展产生了重大的促进作用，这是其他任何经济学著作所无法比拟的。

《国富论》有两个基本假设：理性人和“看不见的手”。

（1）理性人

经济学的第一块基石是：理性人假定，即人在经济生活中都是理性的。例如：从买者角度，都希望买尽量便宜且好的东西，甚至是不花钱得到；从卖者角度，都希望东西卖的价钱高一些。

（2）“看不见的手”

经济学的第二块基石是：“看不见的手”管理经济。例如：若市场上某类产品发生短缺，其价格便会上涨，从而使这类产品生产者的利润得以提高。同时，会刺激竞争者进入市场，最后便消除了短缺。又如：若市场上某类产品过剩，其价格就会下降，从而使这类产品生产者的利润下降。如果价格降低至零利润后仍继续下跌，部分竞争者将会离开市场。

可以说，上述两个假设能推导出经典管理学和经济学的各种理论，比如：人的利己性会使生产者尽量降低成本以提高利润，从而有了各类管理学分支，包括：人力资源管理、会计学和财务管理；人的利己性会使生产者尽量提高销售价格，从而有了营销与广告学；由于人性假定和“看不见的手”，可以推导出经济学中的价格弹性理论、博弈论等。

“假设与推导”的思想不仅在科技和经济领域上得到应用，同样地，在政治和军事领域也可以得到应用。同时，普通人在现实生活中也可以加以应用。

2）变化之道

变化之道可以理解为我们需要动态地看问题，需要考虑时间变量。例如：企业甲和企业乙当年都盈利2 000万元，但是企业甲是近三年从盈利500万元增长到2 000万元的，而企业乙则是近三年从盈利5 000万元下降到2 000万元的。显然，企业甲和企业乙是有明显区别的。

3. 元素3:“球架”

换一个假设，推导出来的结果就不一样了，可能有无限的假设。例如：我们要说服某个人，换一个假设就是要换到对方的立场和角度，就容易达成理解、和谐相处和谈成生意或者合作。对于经营企业来讲，就是用户思维。《易经·系辞上传》中第二段的第二层意思有：“**六爻之动，三极之道也**。”意思是多角度正反面思维。

4. 元素4:“天梯1”

在企业经营管理中，简单地讲用户思维也还是不够的，因为不同用户的需求可能不同，我们如果只考虑满足小众用户的需求，可能难以做到大面积销售和实现盈利。所以，对用户还需要进行分类，进行用户定位。《易经·系辞上传》中有：“**方以类聚，物以群分，吉凶生矣**。”可以理解为分类思维。分类思维的应用意义很广泛并且很重要。我们有时候做某些事情，很难，比登天还难，分类思维可以比喻为登天的天梯。例如：所有自然科学和技术进步的基础是“门捷列夫元素周期表”，它是分类思维的结果。有了它，人们才可以研究物质的结构和性质，才有现在的科技文明，如“千里眼(现场直播)”“顺风耳(手机)”，可以“上天(人造卫星)”和“入地(潜入九千米以下深的海底)”。又如：与某些人在一起可以使人不断进步，而与某些人在一起则可能使人误入歧途。再如：事情分轻重缓急，可以使人从容不迫并走向成功。重要而不急的事情往往会使人误认为不重要，它会演变成重要且急的事情，到了急迫的时候，就可能来不及了。另外，在企业经营管理、健康和子女教育方面。不重要而急的事情往往会使人误认为是重要的事情，成天忙碌于不重要而急的事情，使人事倍功半。毛泽东选集第一篇文章《中国社会各阶级的分析》，它就是分类思维的成果。

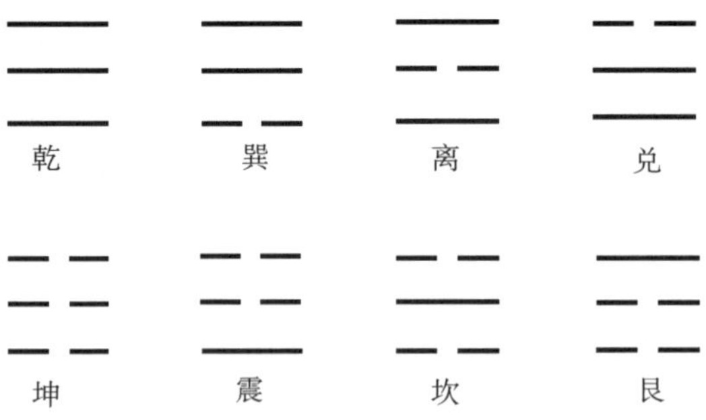

图2-2 《易经》中的8个基本卦

我们可以如此理解：《易经》是由“南北极”“赤道”“球架”和“天梯1”四个思维推导出来的。

图2-2是《易经》中的8个基本卦，其中含有“三极之道”的意思，即“球架”思维。在自然科学中，它就是图2-3中的8个象限。

8 个基本卦代表着人或者事物的 8 个分类。“三极之道”可理解为：只要有 3 个指标，就可以将人或者事物分成八类，如图 2－4 所示。

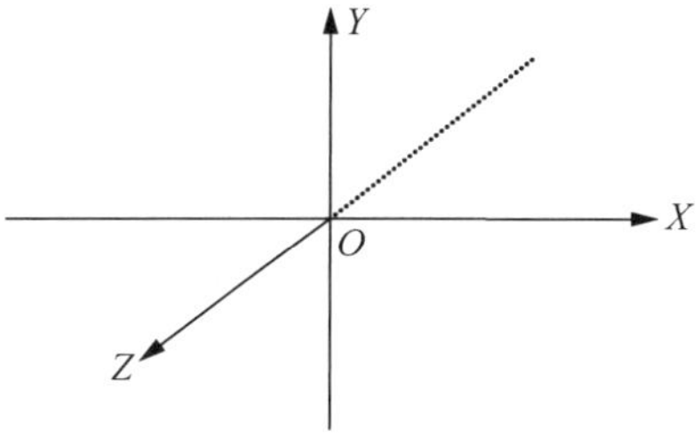

图 2－3　象限示意

例如：有的人，初心是好的，言语也是美的，事情做得也很好，即可用乾代表此类人。有的人，初心不好，但是言语是美的，事情做得也很好，即可用巽代表此类人。有的人，初心好，但是话讲得很难听，事情却又做得很好，即可用离代表此类人。有的人，初心好，话讲得也很好听，事情却做得不好，即可用兑代表此类人。有的人，初心不好，话讲得也很难听，事情做得也不好，即可用坤代表此类人。有的人，初心好，但是话讲得也很难听，事情做得也不好，即可用震代表此类人。有的人，初心不好，但是，话讲得很好听，事情却做得不好，即可用坎代表此类人。有的人，初心不好，话讲得也很难听，事情却做得很好，即可用艮代表此类人。

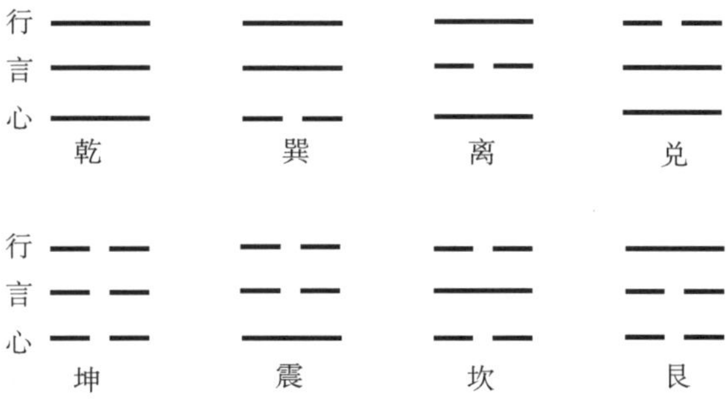

图 2－4　三个指标对应 8 个基本卦

最早的《易经》是伏羲画的上述八个图，并没有任何文字解释，我们既可以这样理解，也可以那样理解。周文王及周公父子将 8 个图两两组合成 64 个图形（后人称其为 64 卦），并加以文字解释，后人将此称为《周易》。历史上，还有另外两种理解，随之有了《连山》和《归藏》易书，但是已经失传，现存于世的只有《周易》。如何理解和运用《易经》，关键是看各自的应用背景。《周易》的应用背景是周文王用于打天下和治理天下的。而上一段中的理解是可以运用于企业管理中的选人和用人的。

例如：拥有乾卦特征的人可以重用，并且可以用在领导岗位。拥有巽卦特征的人，可以用但不能重用，不能用于保密性强的工作。拥有离卦特征的人，可以用于保密性强的关键岗位，但不能用于领导岗位。拥有兑卦特征的人不能用，用了以后只会误事。拥有坤、震和坎卦特征的人不能用。拥有艮卦特征的人可以用，但是不能重用，不能用于保密性强的工作。

5. 元素5："天梯2"

《金刚经》第八品云：**"须菩提！于意云何？若人满三千大千世界七宝以用布施，是人所得福德，宁为多不?"须菩提言："甚多，世尊！何以故？是福德即非福德性，是故如来说福德多。""若复有人，于此经中受持，乃至四句偈等，为他人说，其福胜彼。何以故？须菩提！一切诸佛，及诸佛阿耨多罗三藐三菩提法，皆从此经出。须菩提！所谓佛法者，即非佛法。"**可以理解为：法布施所积累的福德远比财布施要大。例如将道理讲给别人听的时候，不仅别人受益，同时，自己理解会更深透。企业文化建设和员工培训就是法布施，是企业成功的基础。

6. 元素6："天梯3"

可以理解为：简则易从。将道理讲复杂了，别人听不懂就难以跟随。"简"是一种最高智慧，但是"常人"会被"简"字所误导。比如，误认为简单到只有"1"最好，但世界上如果只有一种颜色，那就麻烦了，三种原色（红、黄、蓝），代表着基本与不可或缺。又如误认为简单是最高境界，所以工作马虎，考虑事情不周全。然而，为了方便别人容易理解和跟随，就必须麻烦自己，必须自己反复思考和提炼。真正做好"简"字，需要由简入繁，最后由繁化简。

7. 元素7：智慧入门

《易经·系辞上传》云：**"一阴一阳之谓道。继之者，善也；成之者，性也。仁者见之谓之仁，知者见之谓之知。百姓日用而不知，故君子之道鲜矣。"**《道德经》第一章云：**"道可道，非常道。名可名，非常名。无名天地之始。有名万物之母。故常无欲以观其妙。常有欲以观其徼。此两者同出而异名，同谓之玄。玄之又玄，众妙之门。"**"妙"可以解释为规律。理解这种规律，即理解智慧入门。《道德经》全篇81章，基本上围绕第一章展开。阴、阳的含义非常广泛。非常道、常道，非常名、常名，无、有，无欲、有欲，等等，均可理解为对立的一阴一阳。因此，智慧入门，可以理解为阴阳之道，它可以有无数应用。

智慧入门方法之一："无欲"与"有欲"关系的认识和对待方法。例如：每天忙忙碌碌，是欲望过强，需要静下心来，暂时放下欲望，进行学习、思考和总结。而每天研究理论，则需要进行一番实践，不自己吃苹果，就不知苹果的真正味道。又如：旁观者清，当局者迷。想有智慧，需先放下自己的利益，从旁观者立场看问题。既要埋头拉车，也要抬头看路。再如：砍柴不误磨刀功。如果想提高砍柴效率，就不要急于砍柴，得先把刀磨锋利了。

智慧入门方法之二：“当下”原则。无论是工作还是学习，提高效率的方法是集中精力做好“当下”。

智慧入门方法之三：“复卦”的易理及应用。彖曰：“**复亨；刚反，动而以顺行，是以出入无疾，朋来无咎。反复其道，七日来复，天行也。利有攸往，刚长也。复其见天地之心乎？**”“复卦”易理的核心思想是：在工作方面，需要不断总结；在学习方面，需要不断复习。“复卦”的易理是天地至理（**复其见天地之心乎？**）。

8. 元素 8：福德入门

如果将“常人”所理解的理论和方法比作智慧的话，且喻为“阳”。“阴”则是非“常人”所理解的智慧。在现实世界中，即使“常人”掌握所有的理论和方法，也一定还会有解决不了的问题。要解决“常人”解决不了的问题，则可能需要他人的帮助，也就是“常人”所讲的“贵人相助”。有的人，遇到问题总有“贵人相助”，而很多人却不能。遇到问题总有“贵人相助”，也可以喻为“福德”。因此，非“常人”所理解的智慧也可以喻为“福德”。

福德之一：《金刚经》第四品云：“**若菩萨不住相布施，其福德不可思量。**”不住相布施，所积累的福德，就是非“常人”所理解的智慧。不住相布施，可以理解为帮助别人而不图回报，即不图名、不图利。当然，布施不仅限于帮助别人，还有其他多种形式，包括财布施、法布施，即使是对人微笑和点赞，也是一种布施。例如：你对人微笑，就有了无形的亲和力，求人办事、洽谈合作就容易成功。你点赞别人，别人也会认可你，你的拥护者自然会不断增多。

福德之二：“艮卦”的易理及应用。在《易经》中，“艮卦”比喻“藏”和“山”。“藏”，为人处世要谨言慎行和守信用。“山”，无论学习还是工作，像登山，登上一步就高一步，贵在坚持。魏征《谏太宗十思疏》中有一句话：“**善始者实繁，克终者盖寡！**”许多人做同一件事，开始做得好的人可能很多，但能够坚持下来的就寥寥无几了。

福德之三：“大畜卦”的易理及其应用。彖曰：“**利贞，不家食吉，利涉大川。**”指的是：审慎地走出去，结交朋友。在下面《易经》六爻爻辞中还讲了一个辩证关系，既要广交朋友，但又要审慎交友。

初九：有厉，利已。近似理解有：审慎交朋友（有厉），交自己需要的朋友。

九二：舆说辐。原意指：大车脱离了轮辐而不能前行。现比喻：自己要“靠谱”，所交的朋友也要“靠谱”。

九三：良马逐，利艰贞。曰闲舆卫，利有攸往。原意指：良马在奔逐，需要认真把好缰绳。平时还需要练习驾驭技术。现比喻:交朋友要认真对待,同时,也需要有艺术。

六四:童牛之牿,元吉。原意指:无角小牛头上加缚了木牿,如此就吉祥了。现比喻:交朋友过程中不误导别人,也不被别人所误导。

六五:豮豕之牙,吉。原意指:豮豕,指被阉割的公猪。去势公猪的牙,就没有凶象(吉)了。现比喻:注意口德,不要出口伤人。

上九:何天之衢,亨。原意指:走上了登天之道,一切顺利。现比喻:如果结交到了"好朋友",即遇事有高人指点、贵人相助,显然事事顺利。

9. 元素 9:上进心

上进心是智慧的源头,也是生发智慧的动力。只有拥有上进心的人,才会去实践,实践出真知。吃过苹果才知道味道。人们愿意帮助有上进心的人。"天上不会掉馅饼",即使"掉馅饼",捡到的也一定是早起的人。比如:领导之所以赏识和提拔某人,往往是因为其在工作上有主动性。

上进心也是提升智慧和福德的必要条件。比如:没有上进心的人,就不可能有学习和工作的动力。从教育者的角度来看,你对此类人讲再多,他也学不进去,也是枉然。从领导者的角度来看,你将工作交给此类人,他也不可能主动去想办法解决问题和完成工作。

上进心,只是一个便于理解的通俗表达,在《周易》中对应的是"乾卦",有如下两类上进心。

第一类上进心体现在《周易》"乾卦"彖传中:"**大哉乾元,万物资始,乃统天**。"比喻创业者的上进心。

第二类上进心体现在《周易》"乾卦"象曰:"**天行健,君子以自强不息**。"比喻不断求进步的上进心。

上进心,就是愿力。愿力是"一"。《道德经》第 39 章云:"**昔之得一者。天得一以清。地得一以宁。神得一以灵。谷得一以盈。万物得一以生。侯王得一以为天下贞**。"《道德经》第 42 章又云:"**道生一。一生二。二生三。三生万物**。"

显然,一个人如果没有愿力,一切则无从谈起。

上进心,还可以近似用格局来诠释,其境界如下。

大大格局,针对上述第一类上进心。此类人,不会受大势和周边环境影响,注定是一类不平凡的人。此类人,一旦遇到风云就会化为龙。这里的风云,就是指时代和环境条件所赋予的机会。如果在战争时代,环境条件和机会成熟时,他会毫不犹豫地抓住机会,一飞冲天。如果在和平时代,环境条件和机会成熟时,他也毫不犹豫地抓住机会,一飞冲天。即使在环境条件和机会不成熟时,他仍会主动创造环境和条件，为自己一飞冲天消除障碍和铺平道路。此类人的进步，永不知足，当达到某一事业高峰时，他看到的是更高的高峰，想要继续攀登。此类人永远不服输，不会被困难、挫折和失败所打垮。

大格局，针对上述第二类上进心。

中格局。拥有此类格局的人，会受大势和周边环境影响，可能会变成大格局的人，也可能会变成小格局的人，但是，无法成为大大格局的人。

10. 元素 10：配合心

“常人”容易理解上进心的重要性而忽视配合心。如果将上进心喻为“阳”的话，“阴”则是配合心。能够真正理解配合心的人，并且能够做到“知行合一”的话，就是非“常人”，因为“常人”往往以“自我为中心”。配合心有以下五层含义。

(1) 配合心是积累福德所不可或缺的元素。你主动配合别人，别人也会配合你。

(2)“一把手”的思想误区。企业“一把手”往往会有思想误区，认为自己是“一把手”，只会要求别人配合他，而忽视自己也要配合他人。企业“一把手”有时也需要配合下属工作。有成就的人，善于配合别人，懂得主动配合下属工作以换取成功，这就是智慧。

(3) 配合者的思想误区。作为配合者往往认为：因为我是配合者，领导如何交代，我如何做即可。这其实是一个认识误区。《周易》“坤卦”彖传有：“**至哉坤元，万物资生，乃顺承天**。”可以解释为：最佳的配合心是让事情做到落地生根、开花结果，并按照乾的思想开花结果。因此，优秀的配合者并非简单地配合，还需要主动想办法让事情做成功，在配合过程中不仅需要主动，还需要创新，不是为了配合而配合，而是为了成功而配合。

《周易》“坤卦”彖传：“**坤厚载物，德合无疆**。”可以解释为有无量的福德。

(4) 配合与被配合的辩证关系。企业“一把手”要配合下属工作，而配合者并不是简单地为了配合而配合，也需要主动和创新。在《易经》中，“乾卦”代表“阳”，“坤卦”代表“阴”，阴中有阳，阳中有阴。具体地讲，有上进心（主动性）的人，也需要有配合心，有配合心的人同样需要有上进心。

(5) 民主与集中、团队精神。乾的决策，有时候可能是错误的，因此就需要民主、需要集思广益。然而，过于民主，议而不决，也会使团队迷失方向。最后的决策，即使有意见不同者，也需要服从，需要有团队精神。当大家意见一致时，容易形成团队精神，当意见不统一的时候，往往难以形成团队精神。因此，判断创业企业的团队精神，不仅要判断意见一致的时候，更要判断意见不一致的时候，需要服从的时候，是否做到真正的配合。

11. 元素11：放下之心

"常人"容易理解上进心而不容易理解"放下之心"。如果将上进心喻为"阳"性智慧的话，"放下之心"则是一种"阴"性智慧。

《金刚经》第一品云："**如是我闻，一时，佛在舍卫国祇树给孤独园，与大比丘众千二百五十人俱。尔时，世尊食时，著衣持钵，入舍卫大城乞食。于其城中，次第乞已，还至本处。饭食讫，收衣钵，洗足已，敷座而坐。**"原文大意是：释迦牟尼到了吃饭时间了，所以带领弟子到舍卫大城讨饭。讨饭回来，吃完饭后，洗完脚开始休息。这段话是一种隐喻，因为讨饭是最没有面子的，而释迦牟尼本是王子出身，他放弃了王子身份，放下了名利和面子，带领弟子讨饭度日。

"常人"容易误解，认为放下之心是一种消极的心态。其实，放下之心有另外非常积极的一面。

(1) 放下之心是一种无法估量的正面能量。比如：只有拥有"破釜沉舟"之心，才能有"气吞山河"的能量！只有"置之死地而后生"，才有"不战而屈人之兵"的能量。

(2) 放下之心是智慧的源泉。只有拥有放下之心，才能辩证地处理好"无欲"与"有欲"的关系。放下面子、利益和成败得失之心，会做到定，定能生慧。团队的进步成长，离不开批评和自我批评。一个有放下之心的团队，才能真正做到批评和自我批评。

(3) 什么人有可能做到放下之心？懂上述(1)和(2)的道理是容易的，但是，懂此道理者并非全能做到。只有遇到过挫折和失败，体验过很多失败滋味的人，才有可能拥有放下之心。

(4) 放下之心与愿力。有了彻底的放下之心，才有可能拥有巨大的愿力。因为有了彻底的放下之心，才不怕失败，才敢于天下先。

12. 元素12：无实无虚之心

《易经·系辞上传》主要讲"阴"和"阳"及其辩证关系。"常人"的认识和行为往往是非此即彼，而在自然界还有非阴非阳的存在，《易经》中的8个基本卦就表达了除非此即彼以外的存在。《易经·系辞下传》云："**八卦成列，象在其中矣；因而重之，爻在其中矣；刚柔相推，变在其中矣；系焉而命之，动在其中矣。**"在《周易》的64卦中，最后一个卦是"未济卦"。我们可以这样理解此卦：①任何理论与方法体系，都有其局限性和适用范围。②人外有人，天外有天。

上述这些认识讲起来很复杂，为了简便起见，我们应用了《金刚经》中的表达，即"无实无虚之心"。那么，什么叫"无实无虚之心"呢？有了上面的认识就是无实无虚之心。

"无实无虚之心"的含义很广。比如：人的心就类似瓶子。一个装满了水的瓶子，就倒不进去水了。认为自己都懂了，就类似装满了水的，近似于"实心"。"实心"的人就听不进去别人的意见，也不可能再学习提高。而盲从、照搬别人的经验，则类似空瓶子，不小心就倒进了"有害物质"。空瓶子类似"虚心"。"虚心"的人既容易被人误导，也容易误导别人。最好的"心"，是无实无虚之心。每个人的成功都是在特定环境和条件下获得的，而环境和条件又是千差万别的。所以，既不盲目照搬别人的经验，又善于学习别人的经验，这种可以称为"无实无虚之心"。同时，善于总结自己以往成功的经验，但不完全照搬、套用的，可以称为"无实无虚之心"。同样，一个人即使以往有惨痛的失败，但并不气馁，并没有"一朝被蛇咬，十年怕井绳"，而是总结经验教训，再接再厉。也可以称为"无实无虚之心"。"无实无虚之心"还可以喻为永远装不满、也永远用不完水的容器，可以自动清除"杂质"的容器，当然不仅可以装水，而且可以同时装各种所需要物质的容器，也可以自动转化物质的容器。所有人都做不到完完全全的无实无虚之心，只能无限逼近。

人类感知的世界只是很少的一点点，我们难以预料未来能够发现什么？现在至少已知有一百多万个类星体，每个类星体的能量，约是太阳能量的 10^{15} ～ 10^{16} 倍。太阳的能量来自核能。类星体的能量则远远超过了太阳的能量，不是我们所知道的能量。宇宙中 90％以上的物质，不是我们已知的物质，而是不能发光也不吸收和反射光的暗物质。构造我们所能观测到的物质和我们所知道的物质在宇宙中是少数。明白此道理就是近似于"无实无虚之心"。如果认为自己都懂了，则就停止了智慧的修炼和进步。

正因为觉得自己不够智慧，所以反复思考如何进行后天修炼的问题。正因为觉得自己福德不够，所以反复思考如何进行后天积累的问题。

智慧是一个球体，不可割裂。"国学 12 要素"可以生发出各类智慧。例如：如何做好本职工作，需要有分类思维。想要拥有分类思维，就需要知道要什么以及如何开始，可喻为"南北极"。明确"要什么？如何开始?"，就需要上进心。个人的力量是有限的，因此需要别人配合。而希望别人配合，自己需有配合心和配合行动。有配合心的人，需要有布施之心和行动，配合别人不求回报就是不住相布施，近似比喻就是福德之门。个人的精力是有限的，配合别人也需有所选择，这就是分类思维，可喻为"天梯 1"。配合别人有时候可能会帮倒忙，所以需多角度正、反面思维，可喻为"球架"思维。要修炼好"球架"思维，需听得进别人正确的意见和辨别不正确的意见，所以需要有"无实无虚之心"。要修炼好"无实无虚之心"，就需要静下来以"无欲"之心思考问题，同时有辨别正确与错误意见作为

"有欲"目的。要融会贯通地理解上述智慧球体并熟练运用,需反复讲给别人听。将道理讲给别人听,不仅别人受益,自己理解会更透彻,这可喻为"天梯 2"(法布施)。讲给别人听之前,自己需要反复总结提炼,将道理讲得越简单,别人就越容易理解,同时,自己也越懂其中道理,这就是所谓的"天梯 3"。

又如如何做好创业管理。领头人要调动团队积极性就是目标之一,即"南北极"中的要什么?如何开始呢?需有布施(如对团队成员微笑、点赞或发奖金),这就是福德入门。静下心来思考如何调动团队成员的积极性,就是智慧入门。领头人需带头,就需有上进心。领头人配合团队成员的工作,就需有配合心。领头人犯了决策错误,就需要放下面子,承认错误并改正。领头人要能听取团队成员正确意见,同时不被错误意见所误导,需有"无实无虚之心"。领头人甄别团队成员正确或者错误的意见,需要多角度正、反面思维,这就是"球架"思维。即使听取了团队成员的正确意见,但实施过程中遇到了困难,可能是实施时缺乏成功的必备条件,其实这可能与原先的假设有关,此时需要重新思考,从而变化思路,这就是"赤道"思维。团队成员必定各有所长和所短,用人所长,就需分类思维,这就是"天梯 1"。

智慧是一个球体,不可割裂。"国学 12 要素"可以生发出各类智慧。除了上面所说的以外,还可以应用于健康和养生方面。比如需要智慧之门,即处理好"无欲"与"有欲"的关系,做到不焦虑,这是身心健康的基础,等等。还可以应用于子女教育方面,如人的心,有时候称为"心田",给幼小的心灵种什么"种子",就会开什么花,结什么果,这就是"南北极"应用,等等。

另外,要评论一篇文章,需全面理解其所有内容,不可断章取义。而要全面理解,往往需要阅读三遍以上。要评价一个人,需全面理解其所有观点,不可只抓住其中一点就妄加批评。

智慧是一个球体,由无数点、线和面组成。任何理论或者方法都是智慧球体中的点、线或者面,每个面还有正面和反面。没有绝对正确的理论或者方法,只有特定适用对象和范围的理论或者方法。比如:我们劝某人需要有放下之心时,是在其为某事焦虑到寝食难安,严重影响身体之时,或者在其为某事患得患失难以决策之时。如果在某人一切顺利,在其处于冷静且积极向上状态之时,劝其需有放下之心,则反而成消极的了。又如:任何证券或者期货投资分析理论和方法,只在某种特定适用范围内能够帮助投资者赚钱,超过适用范围就会导致亏钱。

"智慧之门"来自《道德经》第一章:**"常无欲以观其妙。常有欲以观其徼。此两者同出而异名,同谓之玄。玄之又玄,众妙之门。"**"福德之门"来自《金刚经》第四品云：“**若菩萨不住相布施。其福德不可思量**。”“上进心”来自《易经·乾卦》的易理。“配合心”来自《易经·坤卦》的易理。“放下之心”来自《金刚经》第一品。“无实无虚之心”来自《金刚经》第十七品。“南北极”“球架”“赤道”“天梯 1”“天梯 3”分别来自《易经·系辞传》。“天梯 2”来自《金刚经》第八品。

第3章 底层与投资的“底层理论”

3.1 底层的“存在”和“底层理论”

做好投资，包括创业和创业投资。有很多问题是经济学和管理学理论无法解释的底层的“存在”。这些底层的“存在”，并不宜将其称之为新经济学或者新管理学，因为它们既可以应用于经济与管理实践，又可以应用于其他方方面面。

底层的“存在”可以推导出具体应用对象的“底层理论”。例如，“假设与推导”的思想可以应用于物理学，从而产生狭义相对论等理论。同样，该思想也可以应用于经济学与管理学。

同时，不宜将底层的“存在”称之为哲学。因为正如上面所说的福德的概念，是需要修炼和积累的，而不是简单地学习与理解就能够实现的。

研究底层的“存在”和“底层理论”的意义在于，导致的应用效果可能是“逆天的区别”。1家上市公司市值大于400家上市公司市值总和。

另外，也不宜将底层的“存在”称之为宗教，因为它可以推导出物理学、经济学等学科及其具体应用。

通过长期的研究与实践，我们提出了“底层”与“底层理论”结构模型，如图3-1所示。所谓的“底层理论”的不同，是指假设前提条件不一样所推导出来的理论形式的不同。原则上，假设前提条件有无数，所以“底层理论”也会有无数。

3.2 投资的“一”

根据“南北极”思想中的第一要素（要什么？如何开始）和第二要素（因果关系、函数关系），我们可以得到如下关于投资的一个函数。

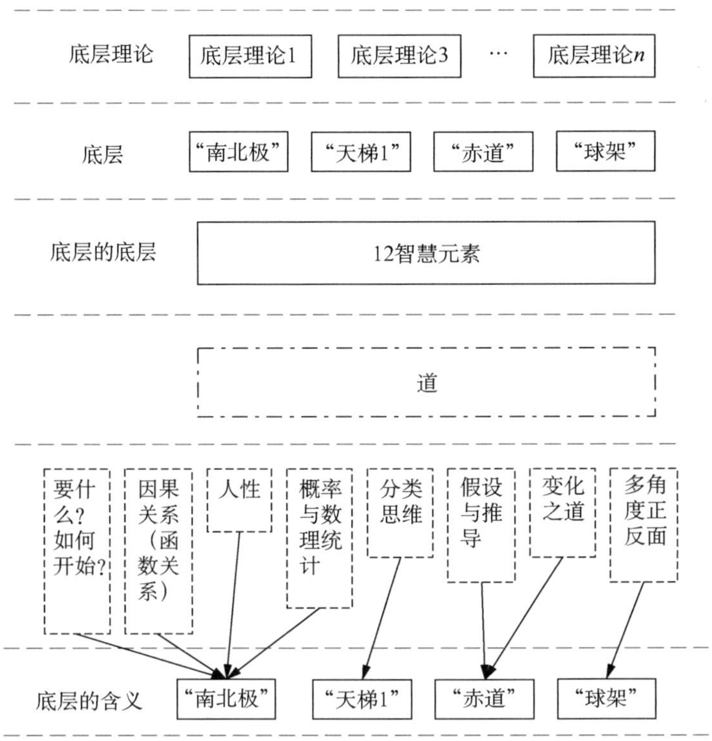

图 3-1 底层的“存在”及其“底层理论”

$$F = A_1[M] + K_1 A_2[M] + K_2 A_3[M] \tag{3-1}$$

式中，A_1 表示起始用于投资的自有资金；A_2，A_3 表示他人的资金，对于专业做投资的投资管理人来讲，通常 $A_3 \gg A_2$，$A_2 \gg A_1$；K_1，K_2 表示投资管理人与实际出资人的利润分成比例；M 表示投资回报倍数。

专业做投资与业余做投资的区别在于：前者更多的是用别人的钱赚钱，而后者只是用自己的钱赚钱。做投资与不做投资的区别在于：前者是用钱生钱，而后者只会做储蓄。

专业做投资的人还可以分成两类：第一类是全部用他人资金赚钱，所得收益均归己方所有，而收益与原始出资者无关，例如：保险公司做投资，所用的资金是投保人（即原始出资人）的，所得收益都是保险公司的，与投保人无关。第二类是受托管理别人的资金进行投资，实现盈利以后，可以与实际出资人进行利润分成。

【案例】 沃伦·巴菲特刚开始创业做投资时，自有资金只有 100 美元，受托管理他人资金 10 万美元，这属于第二类专业做投资的。之后，他收购了一家保险公司，间接运用保险金做投资，这属于第一类专业做投资的。

上面是一种通用函数，而实际函数形式多种多样，大致可以分成三大类。

1. 线性函数

典型的有：

$$F_1 = \sum_{t=1}^{n} a_t x_t \tag{3-2}$$

这种函数形式对应的是储蓄型。对于做投资的人来说，看起来似乎没有意义，但是，对于不是从事投资的人来说，却很有意义。例如：做好本职工作，从而有更好的薪酬收入，则最后的财富也是在不断增加。因此，广义上讲，做好任何本职工作都是在做投资。

2. 指数函数

指数函数有很多形式，典型的有：

$$F_2 = A_1(1+r)^t + K_1A_2(1+r)^t + K_2A_3(1+r)^t \tag{3-3}$$

式中，A_1 表示起始用于投资的自有资金；A_2，A_3 表示他人的资金，对于专业做投资的投资管理人来讲，通常 $A_2 \gg A_1$，$A_3 \gg A_1$；r 表示在一定时间段内的投资收益率；t 表示某个时间段。

此种函数形式适用于证券、期货等投资类型，做此类投资者，通常都是此类函数形式。

另外，式(3-3)中，K_1 通常在 $0.2 \sim 0.3$ 之间，K_2 则接近 1。

为什么 K_2 接近 1？因为 A_3 表面看起来是他人的资金，其实这种他人资金的属性已经发生了变化，如保险金等金融工具所转化后的资金。

上述函数形式运用得最好的是沃伦·巴菲特。他开始创业做投资时，自有资金 A_1 为 100 美元，受托管理的他人资金 A_2 是 10 万美元。之后，他收购了一家保险公司，间接运用保险金 A_3 做投资，$A_3 \gg A_1$，K_2 就接近 1。

3. 非连续函数的形式

非连续函数也有很多形式，典型的有：

$$F_2 = A_1[M] + K_1A_2[M] \tag{3-4}$$

式中，A_1 表示起始用于投资的自有资金；A_2 表示他人的资金，对于专业做投资的投资管理人来讲，通常 $A_2 \gg A_1$；M 近似表示在一定时间段内的投资增值倍数，M 可能等于零，可能等于 10，可能等于 100，等等。

这种函数形式适用于创业投资，或者说股权投资。

3.3 投资的第二项“两个本质”

没有绝对正确的理论或者方法，只有特定适用对象和范围的理论或者方法。比如：美国长期资本管理公司（LTCM）所用的方法就是一种相对真理，当在适用范围内运用的时候，就是正确的，是可以赚钱的，当在不适用范围内运用的时候，就是错误的，是会导致亏钱的。

投资的成败，不仅需要找到预测未来的方法，还需要弄明白这些预测方法的适用范围，更需要找到未来条件产生变化以后的预测方法及其试用范围。如果能够做到这些，我们称之为智慧，这种智慧，也可能就是一种底层的“存在”。

投资的业绩与成败，既与智慧有关，也与福德有关。

对于投资的业绩与成败，其中能够在道理上解释得通的因素，可统称为智慧因素；无法在道理上解释得通的因素，可统称为福德因素。

懂得绝对真理和相对真理的概念，就是智慧。懂得某种方法的适用范围，就是智慧。

本书 1.2 节讲，“对于同样的行业和商业模式，如果是个人自己创业，其实就是对自己进行投资，即你相信自己会创业成功”，因此，创业本身也是一种投资，创业者不仅投入了自有资金，还投入了时间与精力。创业成功，除了需要自身努力之外，还需要“高人”指点和“贵人”相助。而“高人”指点和“贵人”相助可以理解为福德。甲得到“高人”指点和“贵人”相助，而乙却没有，这与甲的发心、言行举止等有关。因此，福德或者说“运气”，也并非完全不能解释。甲懂得修炼和规范自己的发心、言行举止，广义上讲，更是一种大智慧，因此，智慧与福德不分家。

创业是如此，做其他事情的道理也一样。所以，上述所讲的智慧与福德，已经超过经济学与管理学的概念范畴，我们称为底层的“存在”。

福德，也可以比喻为“人脉”。当你需要时，总有“高人”指点和“贵人”相助，则可理解为具备福德。但“人脉”并不是朝夕之功，而是需要长期积累。而“人脉”也并非等价于你认识多少“熟人”，当你需要帮助时，这些“熟人”并非会帮助你，即使他们有这个能力，当然这与你所做的事业本身，与你平时的为人等因素有关。因此，福德也是需要去修炼和积累的。

从广义上讲，财富是修炼来的，而不是求来的。

修炼的含义很广泛。通常不是在顺风顺水中修炼而成的，而是需要在逆境中修炼，才能有所成。顺风顺水，就好像还未缴过学费。困难、挫折乃至失败，就好像是在缴学费。顺风顺水者，总是难以避免要补缴学费的。缴过学费者，反而以后则可能不用或者少缴学费。所以,对于处在困难、挫折中的朋友,或者对于刚刚处在失败过程中的朋友而言,只要懂得修炼并且决心践行,则更大的成功概率就在等着你。

从广义上讲,投资的第二项“两个本质”就是智慧与福德。因此,财富积累是一个泛函数。

$$F = F(X, Y) \tag{3-5}$$

式中,X 表示智慧;Y 表示福德。

(1) 关于智慧

智慧是一个球体,由无数点、线和面组成。任何理论或者方法(或称之为知识)都是智慧球体中的点、线或面,每个面还有正面与反面。

(2) 关于福德

无法用智慧解释的现象称之为福德,例如人们通常所说的“运气”。如果将智慧喻为“阳”,则福德可以喻为“阴”。什么叫“运气”?“运气”本身也并非完全不能解释。即所谓的“阴中有阳,阳中有阴”。

智慧不同于知识(或者说理论与方法),后者是可以通过学习而获得的。智慧就如同“红、黄、蓝”三种原色,可以由它们调色出五颜六色的世界一样,它可以根据需要而生发出解决具体问题所需要的方法,它不是通过学习可以获得的,而是需要不断修炼才能得以提升的。就好比武功,不同于武技(或者说武术招式),武术招式可以通过学习来获得,而武功则需要通过长期练习才能得到提升。

总之,智慧与福德就是一种底层的“存在”,这种“存在”不仅可以应用于投资等经济与管理领域,也可以应用于很多其他方面。

3.4 投资研究的三项“三层面”

投资的其中一个本质是投未来,而未来是需要研究的。沃伦·巴菲特在其母校做讲座时,曾讲过:“我一年大约是 20%时间在工作,80%时间是在思考和研究。”

偶尔做投资成功可以说是“运气”,如果想长期成功,思考和研究是必要条件。可以说,思考和研究不一定能保障长期成功,但是没有思考和研究,肯定不可能长期成功。因此,要做好投资,研究是必不可少的。根据“天梯 1”(分类思维),我们需要对研究内容进行分类。

3.4.1　投资研究的第一项“三层面”

大多数课题都是同时涉及“道”“法”“术”三层面的综合问题，包括但不限于投资工作。在先前的例子中所讲的“LTCM通过建立数学模型，在此基础上形成一套电脑自动预测与投资系统”就是一种“术”。仅有“术”是难以做到长期成功的。那么，“道”和“法”又是什么呢？

比如运用60倍杠杆进行投资，就是赚钱的欲望太强烈了，这意味着只要有1.7%的预测误差就会将本金亏完。因此，投资的“道”之一是辩证地处理好“无欲”与“有欲”的关系。不宜将过多的欲望放在是否赚钱和赚多少钱的问题上，而是应该将欲望放在对事物本质规律的进一步研究上。

回过来说LTCM通过建立数学模型，在此基础上形成一套电脑自动预测与投资系统，本质上是一种假设前提下推导出来的模型应用系统，如果假设前提变了，推导的结果自然跟着变。人们总是习惯于就已形成的假设进行惯性思维并推导结果。多一些不同假设，就会多一些对不同结果的预见，这就是投资的“法”之一。LTCM的预测模型如果事先运用相反的假设对可能的相反结果进行预测的话，或许就不会用60倍的高杠杆了。

“道”可视为一种底层的“存在”。

1. 关于证券投资的“道”“法”“术”

1）“道”

首先，将欲望放在对事物本质规律的研究上，如果出现反规律的趋势，不要存在侥幸心理，需要及时“止损”或者“止盈”，保有筹码，才永远有机会。

其次，投资成败只是“概率”事件，不宜将杠杆放得过大。

最后，研究不够，不要轻易进入“投资市场”，即使很幸运赚到钱，不代表你已经掌握规律。很可能出现怎么赚到钱，又会怎么把钱亏回去，甚至会亏得更多的情况。因为赚到钱而尝到“甜头”以后，通常会追加投资，从而最后会亏得更多。要做到这一点很难，因此“投资市场”也可以说是一个修炼的“道场”。

2）“法”

首先，不要怕错过投资机会，不符合必要条件的，宁可持币观望而不轻易进场。其次，尽量将影响因素考虑与研究完备。

3）“术”

首先，投资在本质上就是一种买卖。便宜买入，高价卖出。例如：股指已经走到很高了，个股的市盈率也跟着很高，这就已经“贵”了，不符合买卖的规则。

其次，投资在本质上就是投未来。没有未来的行业和个股是不宜投资的。符

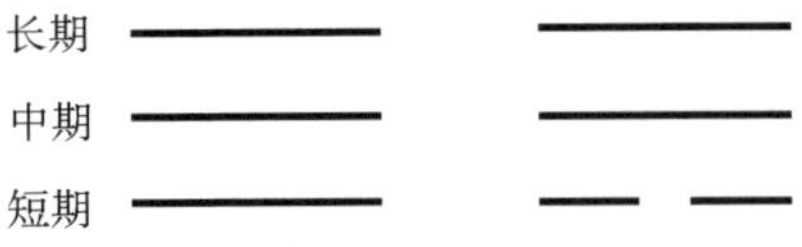

图 3-2 未来的两种情况

合下述两类情况的则是优先考虑的(图 3-2)。

在图 3-2 中,左图中没有断的线,表示未来趋势看多;右图中有断的线,表示未来趋势看空,余同。

2. 关于创业和创业投资的“道”“法”“术”

1)“道”

传统的 TNT 炸药是所有炸药中威力最大的,但是 1 公斤原子弹的威力却等于 2 万吨 TNT 炸药的威力。后者是前者的 2 000 万倍!为什么?因为前者的“底层理论”是经典物理学和化学,而后者的“底层理论”是狭义相对论。“底层理论”的区别在于其假设前提的不同,狭义相对论的假设前提是光速不变。

在经济管理领域,关于基础重要性的案例有:中国拥有 500 万家企业,做到最好的企业是上市公司,而中国 A 股市场上市公司目前只有 4 000 家左右,通常这些上市公司的市值在 50 亿元左右(大型国有上市公司除外),而有些上市公司市值会超过 2 万亿元以上(如阿里系和腾讯)。后者是前者的 400 倍!为什么?因为前者的“底层理论”是经典经济学,而后者的“底层理论”是一种新经济学。

所以,创业与创业投资的“道”是底层及其“底层理论”。

2)“法”

创业与创业投资的“法”是管理学基础理论依据及其改变和突破。传统管理学理论追求的是将各项事情做到极致。这种哲学思想有其合理的一面,也有其不合理的一面。例如:对于创业早期的企业而言,往往人、财、物都较为缺乏,如果想将所有事情都做到极致,会使企业陷入现金流断裂的危机。为此,我们建立了管理学中的“五行模型”,详见本书第 4 章。

3)“术”

“术”具体可以体现在创业领头人的行为中,包括:①把握方向;②知人善任;③带头解决企业经营管理中的难题。

3.4.2 投资研究的第二项“三层面”

1. 证券投资

证券投资需要研究的第一个“术”是:大势、行业、个案这“三层面”。孙中山先生曾讲过:“世界潮流,浩浩荡荡,顺之则昌,逆之则亡。”做投资也一样,如果做股票投资,即使个股的业绩再好,当大势是空头时,个股的股价也还是会下跌的。

2. 创业与创业投资

创业与创业投资需要研究的第一个“术”是：大方向、中方向、小方向这“三层面”。例如：人工智能代表着未来的大方向，中期方向是如何选择应用场景，短期方向是如何选择切入点。

研究未来的重要性，可以用如下案例来说明。

【案例】 根据“2018 胡润全球富豪榜”，马化腾用了 20 年时间赶超了李嘉诚，杰夫·贝佐斯用了 30 年时间赶超了沃伦·巴菲特(图 3-3)。今后，富豪榜也一定会不断变化，拥抱未来，就有可能赶超。

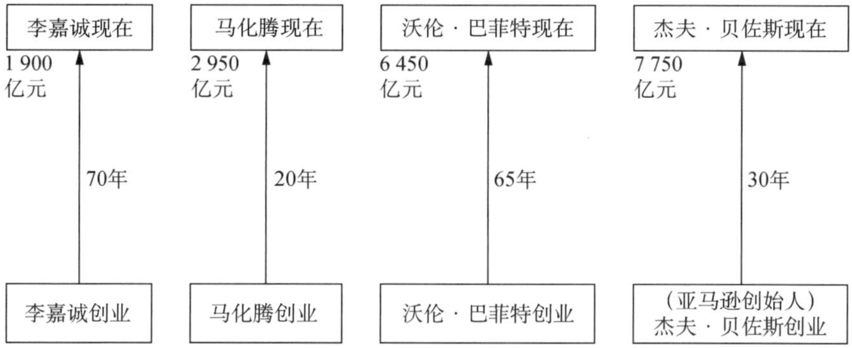

图 3-3　拥抱未来与赶超

3.4.3　投资研究的第三项“三层面”

1. 证券投资

从时间维度看，研究的第三项“三层面”是：长期、中期和短期，由此可以分成八种情况，如图 3-4 所示。

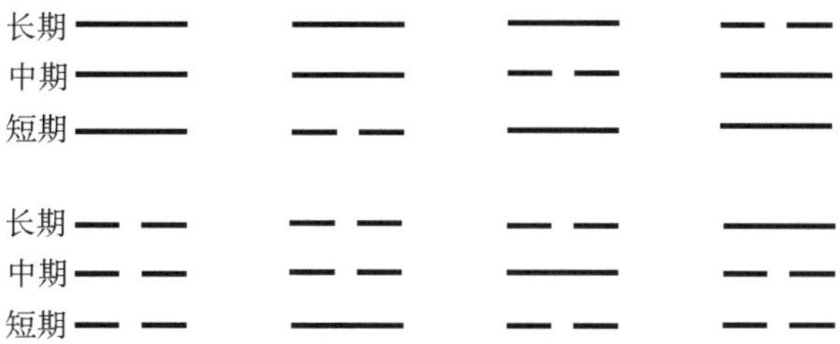

图 3-4　短期、中期和长期趋势的八种情况

在图 3-4 中，没有断的线代表看好，断的线代表不看好。因此，第一类情况代表长期、中期和短期都看好。第二类情况代表长期、中期看好，但是短期不看好。第三类情况代表长期看好,中期不看好,短期看好。第四类情况代表长期不看好,中期和短期看好。第五类情况代表长期、中期和短期都不看好。第六类情况代表长期和中期都不看好,但是短期看好。第七类情况代表长期不看好,中期看好,短期又不看好。第八类情况代表长期看好,中期和短期不看好。

如果通过研究发现属于第一类情况的,显然,投资的胜率就会很大,并且可以长期持有且获得很大的回报倍数;如果属于第二类情况的,则需要再等待时机;如果属于第三类情况的,则可以波段性持有;如果属于第四类情况的,则可以中短期持有;如果属于第五类情况的,则不宜投资;如果属于第六类情况的,则只能是短期持有;如果属于第七和第八类情况的,则需要先观望。

2. 创业与创业投资

创业与创业投资主要是研究长期、中期和短期的任务时间安排。

3.5 投、融资过程中四个“四象”

根据“赤道”(变化之道),我们需要对过程进行分析、把握和控制。

1. 投、融资过程中的第一个“四象”

第一个“四象”是:募、投、管、退。

募,狭义地讲是指投资基金募集,即式(3-1)和式(3-3)中的 $A_2 \gg A_1$ 和 $A_3 \gg A_1$。但是,没有“人脉”,是难以完成募集工作的。因此,募其实包含更广泛的内容。投,狭义地讲是指投资过程,但是没有做前期调查研究的投资,失败的概率是很大的,所以,投同样也包含更广泛的内容。管,狭义地讲是指投资后管理,对于创业投资来讲,还包括对被投资企业的增值服务,所以,管同样包含更广泛的内容。退,即投资资本的回撤退出,对于创业投资来说,将股权再变成资本同样很重要,因而退也包含更广泛的内容。

2. 投、融资过程中的第二个“四象”

决定第一个“四象”中的“基金募集”成果的因素,可以用第二个“四象”来描述,即:法、地、侣、财。

从式(3-1)和式(3-3)可知,专业从事投资者,通常 $A_2 \gg A_1$, $A_3 \gg A_1$。而想获得资金 A_2 和 A_3,就需要“人脉”。做好投资本身,还需要团队。从广义上讲,创业也是投资(即投自己),企业的发展壮大,需要客户。所有这些,可以喻为“侣”。“侣”需要有形象、品牌,等等。所有这些,可以喻为“地”。做好投资本身,需要“法”,树立形象、品牌,也需要“法”,发展“侣”,同样需要“法”。此处的“法”

是广义的，它包含上述“道”“法”和“术”三个层面的综合问题，有了“法”“地”“侣”，自然就有“财”。

3. 投资过程中的第三个“四象”

对于前述投资研究的第二项“三层面”中的大势、行业研究，无论是创业投资，还是证券投资等，我们可以将大势和行业生命周期表达为如下“四象”(图 3-5)。

图 3-5　行业生命周期的四个阶段

以股市为例，在图 3-5 中，“老阳”表示股指已走到历史最高点，一些原来都不炒股的人，也开始炒股了，此时应该是退出时机。当然，股指可能还会继续走高，因此，可以退出一半。“老阴”则表示股指已经走到历史最低点，所有人都失去信心了，此时，应该是建仓时机，当然，股指可能还会继续走低，故可以建半仓。

4. 投资过程中的第四项“四象”

对于投资研究的第一项“三层面”中的个案研究，无论是创业投资，还是证券投资等，通常有四个主要过程，如图 3-6 所示。

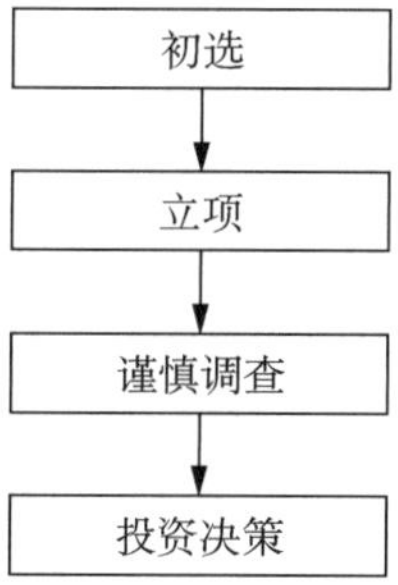

图 3-6　投资的四个主要过程

由于谨慎调查是需要花时间的，而时间就是成本，因此，初选与立项环节就显得非常重要。初选是在行业研究基础上进行的。它也是投资经理的一种勤奋指标。投资经理只有在接洽大量个案的基础上，才会有比较和初步判断。立项过程往往是一种集体讨论和集体智慧的汇合。

尽管谨慎调查有通用的格式和版本，但是对于同样的个案，不同的投资机构和投资经理，通过谨慎调查所得出的结论往往差异很大。究其原因，通常是人们忽视了投资研究的第三项“三层面”问题，对此后续将展开讨论。

显然，在投资、融资过程中，涉及方方面面的人与事，“球架”思维将贯穿全过程。

3.6　创业、创业投资及其底层理论与应用

3.6.1　创业投资的几个基本概念和发展简史

大家经常会看到几个名词：风险投资、创业投资、股权投资、PE 投资，天使轮

投资、A 轮投资、B 轮投资、C 轮投资、D 轮投资和 E 轮投资。这些概念有什么异同点和关联性?

要说清楚上面几个概念,还需要从风险投资的发展史讲起。

风险投资的英文为 Venture Capital。业内通常认为风险投资源于美国,并认为世界上第一家风险投资公司是美国研究与发展公司(American Research & Development Corp.,简称 ARD 公司)。在 20 世纪 40 年代初的美国,新兴企业规模小,它们往往只拥有技术而缺乏资金和抵押物,因此,很难从银行融资。但是,这些企业的技术可能是创新性的,如果拥有资金,企业的发展可能是很快的。如果对这些企业进行股权投资,将来可能会有高额回报。因此,ARD 公司的创始人 Dorit 认识到这是一个投资机会,所以,他成立了 ARD 公司。公司成立之初,希望从个人或者机构投资者那里募集到 500 万美元。由于当时他们的构思是一个全新的概念,因此并不能完全被投资者所接受。在做了很大的努力之后,他们才募集到 350 万美元。

ARD 公司在最初运作的十年里,遇到了很大的困难和挫折。ARD 公司及其所投资的公司出现了多次现金流危机,他们经常以 20%或者更多的折扣出售所投资公司的股权以回笼现金。幸运的是,1957 年 ARD 公司向 DEC 公司(由四位麻省理工学院的毕业生创立,英文名称为 Digital Equipment Corporation,中文翻译为数据设备公司)投资了 7 万美元,占 77%的股份。到 1971 年,ARD 公司在 DEC 公司中的股份增值为 3.55 亿美元,第二年 ARD 公司将其股份出售给 Textron 公司,这使得 ARD 公司不仅弥补了之前投资的损失,而使年综合回报率达到了 14.7%。

ARD 公司的成功刺激了很多人,从而有了不少模仿者,使这类业务成为一种行业,被业内外称为风险投资业。

“风险投资”对于具有冒险性格的人来说,是一种刺激性的投资,但是,对于多数投资者来说,往往是难以接受的,因为其盈亏比很大,但是胜率很低。所以,用“风险投资”一词,往往难以募集到基金。中国台湾的投资者为了更好地募集基金,就将“风险投资”这种说法改成“创业投资”。因此,从某种意义上讲,二者含义相近。

现阶段,风险投资和创业投资没有严格的定义区别。但是,通常人们理解,风险投资属于更早期的投资,包括天使轮投资和 A 轮投资。创业投资包括的投资阶段则更宽,包括天使轮投资、A 轮投资、B 轮投资、C 轮投资。PE 投资,通常人们理解为 D 轮投资和 E 轮投资。股权投资所指的范围更广,包括风险投资、创业投资和 PE 投资。

天使轮投资、A 轮投资、B 轮投资、C 轮投资、D 轮投资和 E 轮投资，分别是指企业发展从初创期及其之后的不同发展阶段的投资。

3.6.2　创业、创业投资的底层理论

创业，要什么？利润＝营业收入－营业成本。

创业投资，要什么？资本利得＝卖出股权收入－买入股权成本。

资本市场的本质是什么？市值＝利润×市盈率；“价值放大”＋“提前套现”＋“倍速发展”。

3.6.3　一个实用的创业投资估值及基金管理动态财务模型

作为创业投资，即天使轮投资、A 轮投资、B 轮投资、C 轮投资，被投资企业往往还处于投入和财务亏损阶段，如何估值？

尽管研究创业投资的估值方法的文章很多，但万变不离其宗。根据本书 3.6.2 节的底层理论，投资的成败与业绩考验的本质是最终回报。所以，用“拟投资企业在若干年后期望税后可分配利润、对拟投资企业（上市后）投资的期望年回报率倒推及其论证法”是可行的。

上述思想下的估值公式见式(3-6)：

$$R \times PE = A(1 + r)^{t} \tag{3-6}$$

式中　R—— 拟投资企业在 t 年的期望税后可分配利润；

PE—— 拟投资企业（上市后）在 t 年的期望市盈率；

r—— 对拟投资企业（上市后）投资的期望年回报率；

A—— 拟投资公司估值。

在式(3-6)中，如果能够明确 R，PE，r 和 t，显然，就可以得出拟投资公司的估值 A。

(1) R 即拟投资企业在若干年后的期望税后可分配利润，可以通过谨慎调查进行论证。

(2) PE 可以参照证券市场上类似上市公司的 PE。

(3) r 即对拟投资企业投资的期望年回报率，可以在假定投资胜率的基础上，根据总基金规模、年均抽取管理费用（等）比例、基金计划存续期、计划投资项目数量、税收、管理利润提成等数据，进行推算得出。

(4) 基金管理动态财务模型

任何一个创业投资项目在拟投资时，是无法保障肯定成功的，永远只是胜率

的概念。因此，基金设立时需要明确基金目标、投资政策和投资策略。基金目标，即基金期望年收益率。投资政策包括基金拟投资行业、拟投资企业所处阶段。投资策略包括根据拟投资企业所处行业和所处阶段确定期望胜率，在期望胜率下的拟投资项目数量，根据基金可用于实际投资资本和拟投资项目数量来计划平均单项项目投资强度，根据基金期望年收益率、期望胜率、单项项目投资强度、存续期限，对拟投资企业投资的预期年回报率进行倒推，从而进一步倒推拟投资企业的估值要求。

表 3-1 是根据 Excel 表转化而成的，在做财务管理预算时，可进行动态调节。其中：总基金规模、年均抽取管理费用（等）比例、基金计划存续期、计划投资项目数量、拟投资企业在若干年后期望税后可分配利润、拟投资企业在若干年上市后期望市盈率、对拟投资企业投资的期望年回报率、假定投资胜率、税收、管理利润提成是可动态调节的假设变量。表 3-1 中的 M 值是指 $(1+r)^t$ 值。

在表 3-1 可动态调节假设变量的假设情况下，拟投资企业的当下投后估值是 43 221.51076 万元。

表 3-1 基金管理动态财务模型案例

项目	数据
总基金规模/万元	100 000
年均抽取管理费用(等)比例	2.20%
年总管理费用/万元	2 200
基金计划存续期/年	12
总管理费用/万元	26 400
可用于实际投资资本/万元	73 600
计划投资项目数量/项	10
计划平均单项项目投资强度/万元	7 360
拟投资企业在若干年后期望税后可分配利润/万元	1 000 000
拟投资企业在若干年上市后期望市盈率	50%
预期市值/万元	50 000 000
对拟投资企业投资的期望年回报率	80.00%
对拟投资企业投资的期望退出时间/年	12
M 值	1 156.83
当下投后估值/万元	43 221.51076

（续表）

项目	数据
投资额/万元	7 360
总投资项目/项	10
假定投资胜率	10%
总回笼资金/万元	8 514 278.967
税收	25%
实际可用于分配资金/万元	6 385 709.225
管理利润提成	20%
投资者实际回笼资金/万元	5 108 567.38
摊薄后 M 值	51.0856738
基金期望年收益率	38.79%

如果假设拟投资企业的假定投资胜率是 5%，若还要保持基金实际年收益率在 38.79%的水平，同样代入运算，可得出当下投后估值是 19 823.67823 万元，见表 3-2。

表 3-2　基金管理动态财务模型案例 2

项目	数据
总基金规模/万元	100 000
年均抽取管理费用(等)比例	2.20%
年总管理费用/万元	2 200
基金计划存续期/年	12
总管理费用/万元	26 400
可用于实际投资资本/万元	73 600
计划投资项目数量/项	20
计划平均单项项目投资强度/万元	3 680
拟投资企业在若干年后期望税后可分配利润/万元	1 000 000
拟投资企业在若干年上市后期望市盈率	50%
预期市值/万元	50 000 000
对拟投资企业投资的期望年回报率	92.08%
对拟投资企业投资的期望退出时间/年	12

（续表）

项目	数据
M 值	2 522.24
当下投后估值/万元	19 823.67823
投资额/万元	3 680
总投资项目/项	20
假定投资胜率	5%
总回笼资金/万元	9 281 829.431
税收	25%
实际可用于分配资金/万元	6 961 372.073
管理利润提成	20%
投资者实际回笼资金/万元	5 569 097.658
摊薄后 M 值	55.69097658
基金期望年收益率	39.79%

3.6.4 创业投资与企业经营管理

创业投资与企业经营管理可喻为一种镜像关系。证券投资也不例外，因为投资对象也是企业。因此，企业经营管理可近似比喻为“物”，投资可喻为“像”。要想更明白“像”，则需要研究“物”，需要研究内在的机理。

创业投资与创业管理都属于经济学的概念范畴。经济学的本质是人性，经济学中几乎所有的理论与实践，都是基于人性的假设前提下，《国富论》就是基于理性人假设的推导。经济学中的所有现象都是表象，其内在机理是人的思想下的行动。因此，其内在机理研究也可以说是人性的研究。

第4章
创业管理的“底层理论”与五行模型

“底层理论”决定着创业企业的命运。不同“底层理论”的区别在于其假设前提。

为什么全世界范围内创业企业的成功率不超过1%，企业的存活率不超过10%？

笔者认为，改变底层理论并进行应用，可以提高创业企业的成功率和存活率。传统管理学的“底层理论”，其假设前提是：企业管理中的每项任务都可以做到极致。改变假设即改变底层理论。我们提出的假设如下：

假设一：任何企业，在任何阶段，不可能将每项任务都做到极致。

假设二：如果有的任务做到极致，有的任务被忽略了，企业将自己把自己“克死了”。

假设三：在企业管理中，很多任务需要同时平行开展，而不是等其中一项任务完成后再开展其他任务。当下需要完成的任务，当下不能省，将来需要完成的任务，也不能放在当下完成。

很多事情都有多面性和关联性，而关联性包括正相关与负相关，同样的两件事，在有些情况下，可能是正相关的，而在另外一些情况下，则可能是负相关的。例如：如果某企业在财力不足的情况下，集中了所有的精力、财力和物力想将新产品的研发工作做到极致，即使其所有性能远远超越同行，但企业可能会因此陷入灭顶之灾，因为该企业不能兼顾原有产品的销售，假使不能实现预期开发成功目标，耗光了财力和物力，将会陷入现金流断裂危机，最后只能关门。因此，在此情况下，上述行为应该是负相关的。但是，如果企业背后有一个强大的投资人，则企业可能就会有辉煌的前途，因此，在此情况下，上述行为就变成正相关的。又如：如果某个人一生集中了所有的精力钻研一件事情，则他有可能一生穷困潦倒，因为他不能兼顾其他谋生工作，假使他所钻研的事情不能成功，或者不能依据此事获取经济效益，那么只能注定一生穷困潦倒。但是，若此人背后有一个经济实力强大的靠山来支持他，则他可能有一个辉煌的人生。

上面的论述，说明了三个假设的重要性。那么，在企业管理中，到底有哪些任务需要同时平行开展的呢？为此，我们提出了如下第四个假设。

4.1 假设与五行模型

根据《易经》的思想，任何人或者任何事，均可分成如下八大类。

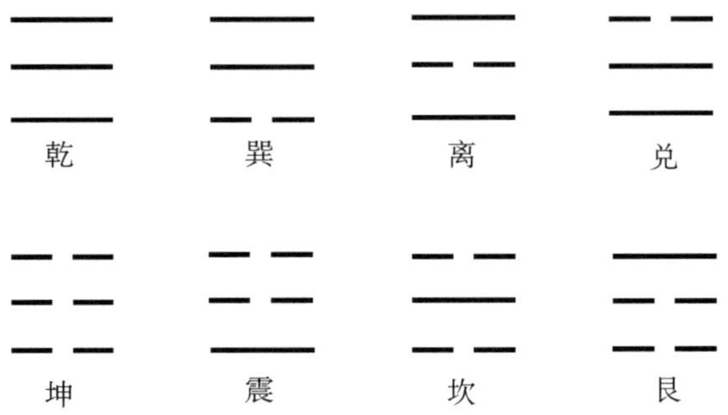

图 4-1 任何人或事根据《易经》思想分类

根据五行思想，任何人或者任何事，又可以分成五大类：水、木、火、金、土。《易经》的九宫八卦图是将五行与八卦融合到了一起，如图 4-2 所示。

巽四（木） 风	离九（火）	坤二（土）
震三（木） 雷	五	兑七（金） 泽
艮八（土） 山	坎一（水） 水	乾六（金） 天

图 4-2 《易经》九宫八卦图

具体地讲，代表五行中的土，有两个卦：坤卦与艮卦。代表五行中的金，有两个卦：乾卦与兑卦。代表五行中的水，则是坎卦。代表五行中的木，有两个卦：震卦与巽卦。代表五行中的火，则是离卦。

我们假设的思路是：按照五行和八卦的原始含义进行引申，比喻相应的人或事。

1. 土

在五行思想中，土代表地球本身。纳入土中的坤卦，在《易经》的思想中表示配合和执行落地。纳入土中的另外一个卦是艮卦，在《易经》的思想中表示藏和山。藏的引申含义是谨言慎行。山的第一个引申含义是登山，登山是很累的，要登到山顶，则贵在坚持。山的第二个引申含义是靠山，所谓的靠山，再引申就是遇到困难有高人指点和贵人相助。坤卦在《易经》的思想中也代表着德，再引申含义是有德行的人一定有气运。

用土来代表企业管理的一类工作性质就是：配合、执行落地，谨言慎行、坚持。用阴阳观点来看，此类工作是看得见的，属于阳。而看不出的效果则是靠山和气运，属于阴。土，代表地球本身，引申含义是企业本体的建设和“固本培元”。

综合表达为：本体的建设和“固本培元”。阳土：配合、执行落地（坤），谨言慎行、坚持（艮）。阴土：靠山（艮）、气运（坤）。

2. 金

在五行思想中，金代表坚固和凝固的意思，而并非具体的金属。纳入金中的乾卦，在《易经》的思想中表示兴趣和主动性、学习能力。纳入金中的兑卦，在《易经》的思想中表示愉悦，引申含义是传播能力、结交朋友能力、销售能力和团队凝聚能力。用阴阳观点来看，此类工作是看得见的，属于阳。而外人看不出的是：愿力、目标和方向，属于阴。

用金来代表企业管理的一类工作性质就是：目标和方向确定，销售和团队建设。

综合表达为：阳金：兴趣和主动性、学习能力（乾），传播能力、结交朋友能力、销售能力、团队凝聚（兑）。阴金：愿力、目标和方向（乾）。

3. 水

在五行思想中，水代表循环和周流的意思。纳入水中的坎卦，在《易经》的思想中也表示水。循环和周流，引申含义是计划、任务时间安排，因为时间是流逝的。再引申含义是代表财，企业是通过“采购原料”、加工成品、销售等流通才能实现盈利，所以俗话有“流水生财”。

用水来代表企业管理的一类工作性质就是：计划、任务时间安排，财务管理。

综合表达为：阳水：珍惜时间，计划、任务时间安排。阴水：学习与工作进步，财。

4. 木

在五行思想中，木代表生的功能和根源。纳入木中的震卦，在《易经》的思想中表示长子，长子有带头开拓的含义，对于企业而言，引申含义是新产品开发。企业如果没有新产品开发，老产品迟早会被淘汰，企业迟早会走向末路。典型例子有早年做照相机及胶卷的柯达公司，以及早年做手机的摩托罗拉、爱立信等企业。纳入木中的巽卦，在《易经》的思想中表示长女，同样有带头的意思，另外，巽也表示风的意思。风，只要有一点缝都能够吹进去。因此，对于企业而言引申含义可以是新业务拓展、新客户发展。

用木来代表企业管理的一类工作性质就是：新产品开发(震)、新业务拓展、新客户发展(巽)。做好这两类工作是果，其因是专注力、思考和研究能力(震)，公关能力、敏锐性(巽)，智慧增长。

综合表达为：阳木：专注力、思考和研发能力或者投入(震)，新产品开发(震)、新业务拓展、新客户发展(巽)。阴木：公关能力、敏锐性(巽)，智慧增长。

5. 火

在五行思想中，火代表热能。纳入火中的离卦，在《易经》的思想中表示精、气、神，热情、热爱。从企业文化建设来讲，企业的“三观”和行为准则可以激发人的精、气、神，以及热情、热爱。

保持持续的热情和热爱，还与人的自信心有关，而自信心来自综合解决问题的能力以及防范风险的能力。

综合表达为：阳火：精、气、神，热情、热爱(离)。阴火：“三观”和行为准则，综合解决问题的能力、防范风险的能力。

通常人总是会怀着美好的梦想，希望自己或者希望自己所关联的人或事都能够十全十美，其实是不可能的。

4.2 五行模型在企业经营管理中的应用思路

通常人的思路总是想将每件事都能够做极致，事实上是不可能的，企业管理也不例外。

恰恰相反的是：当企业在某方面做得很好时，可能还会起反作用，根据五行相克的原理，反而还会自己克自己。五行相克原理有：如果当中元素不足，后面元素会克前面元素，具体包括：①土不足，火越强越会克金。②金不足，土越强越会克水。③水不足，金越强越会克木。④木不足，水越强越会克火。⑤火不足，木越强越会克土。五行相克如图 4-3 所示。

只有企业在不同时期，各方面工作做到相应的程度时，才会相生而不相克。

所谓的相生，就是指在有些情况下会是正相关的（图 4-4）。所谓的相克，就是指在有些情况下会是负相关的。

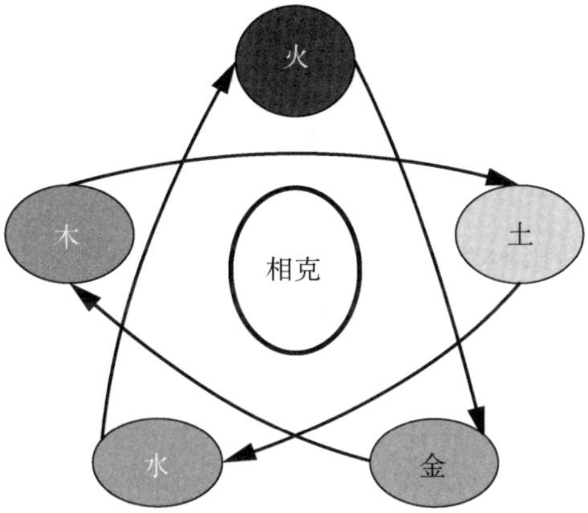

图 4-3　五行相克

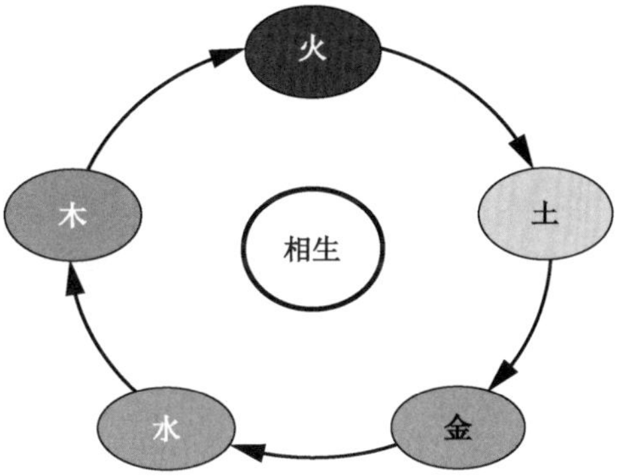

图 4-4　五行相生

阴阳五行的思想在中医中得到了完美的应用。比如一个人的人体处于极度虚弱状态时，是不能吃大补之物的，只能慢慢地调理。企业管理的道理也类似。

我们不要指望企业的方方面面管理工作都做到极致。企业不是一诞生就五行具足的，也不是所有问题解决了就没有问题了。老的问题解决了，又会有新的问题。企业在成长过程中总会遇到新问题，换言之，企业是在不断遇到问题和解决问题的过程中得到成长的。

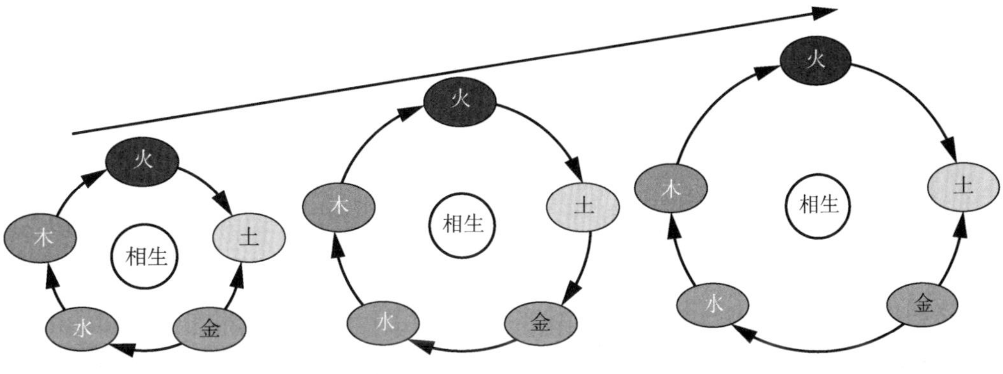

图 4-5　五行相生而逐渐成长

4.3 企业诊断与咨询应用举例

在进行企业诊断时,第一先诊断财务问题。如果企业是财务困难,即“水”有问题。纯粹“头痛医头”“脚痛医脚”是西医的做法,实际需要“中西医”结合。因此,制定一套工作程序与方法体系。例如:首先确定负责人进行应收账款回收,或者债务融资以解决燃眉之急(西医疗法)。其次,考虑在“上”“下”两方面花工夫。“上”即“金”,“金”即人才引进或者培训,从而提升销售能力。“下”即“木”,“木”即考虑新产品开发、新业务拓展、新客户发展(巽)。

第二,如果当前企业财务(“水”)没有问题,则再诊断“木”的问题。假设企业没有“新产品开发、新业务拓展、新客户发展”,或者严重薄弱,则同样需要“中西医”结合。因此,制定一套工作程序与方法体系。首先,通过调研以确定具体新产品开发、新业务拓展、新客户发展的方向和目标。其次,考虑在“上”“下”两方面花工夫。“上”即“水”,即考虑投入的财务预算。“下”即“火”,即考虑可行性与风险控制。

第三,如果当前企业新产品开发、新业务拓展、新客户发展(“木”)没有问题,则再诊断“火”的问题。假设企业员工热情、热爱不足,则同样需要“中西医”结合。因此,制定一套工作程序与方法体系。首先,通过确立企业“三观”和行为准则,推行企业文化建设。其次,考虑在“上”“下”两方面花工夫。“上”即“木”,即智慧增长的培训。“下”即“土”,即考虑不同员工的气运增长问题,如通过奖励有工作热情和热爱的员工,从而起到正面带动效果。

第四,如果当前企业员工工作有热情和热爱,即“火”没有问题,则再诊断“土”的问题。假设企业中层在工作中执行落地(“土”)不足,则同样需要“中西医”结合。因此,制定一套工作程序与方法体系。首先,强化部门之间和部门内部员工之间的配合,通过配合使各项工作可执行落地。其次,考虑在“上”“下”两方面花工夫。“上”即“火”,即通过培训以提高综合解决问题的能力。“下”即“金”,即通过制定企业目标和共同利益分享制度来提高考团队凝聚效果。

第五,如果当前企业各项工作执行落地(“土”)没有问题,则再诊断“金”的问题。假设企业销售能力(“金”)不足,在同行中所占市场份额不高,则同样需要“中西医”结合。因此,制定一套工作程序与方法体系。首先,需要通过人才引进和内部培训以提高销售能力。其次,考虑在“上”“下”两方面花工夫。“上”即“土”,即通过大客户或者重要销售渠道公关来拓宽销售渠道。“下”即“水”,即通过资金预算来提高销售投入。

总之，企业不是一诞生就五行具足的。成长过程中总会有新问题出现，企业是在不断遇到问题和解决问题的过程中得到成长的。如果及时处理好当下的问题，就是“五行相生”。如果处理不及时，则会出现“五行相克”现象。每个企业的情况均不同，诊断的问题也不一样，上面只是举例说明，具体问题仍需具体分析。

4.4　企业相生、相克和提高成功率应用举例

4.4.1　初创期企业的成长与困难

土生金。例如：初创阶段的企业主要指未盈利企业（下同），如果事事能够执行落地（土、坤），就会有团队凝聚力（阳金）。

火克金。土不足，火克金。例如：初创阶段的企业，如果事事没有执行落地（阳土，坤），原先工作热情（阳火，离）反过来会影响工作兴趣和主动性（阳金，乾），即俗话说的希望越大，失望越大。

金生水。例如：初创阶段的企业，传播能力、结交朋友能力、销售能力（兑），这些可以给企业带来财富（水）。

土克水。金不足，土克水。例如：初创阶段的企业，如果目标和方向（阴金，乾）错误，越坚持（阳土，艮），亏损会越来越大（水）。

水生木。例如：初创阶段的企业，主要指未盈利企业，如果能够股权融资成功（阴水）以后，就具备了研发新产品的能力（震，阳木）。

金克木。水不足，金克木。例如：初创企业如果既未实现盈利，又没有股权融资成功（阴水），则原有的目标越强烈（阴金，乾），导致过早投入继续研发（阳木，震）或者扩张（阴木，巽），反而会使企业做不好研发或者扩张，从而使企业陷入财务危机。

木生火。例如：有了研发能力（阳木，震），企业就有了希望（阴火，离），有了希望，就会有热情。

水克火。木不足，水克火。例如：当初创企业研发能力不足（如研发人才缺乏，阳木，震）或者扩张能力不足（如管理人才缺乏，阴木，巽）时，投入研发或者扩张的资金越大，越会受到挫折，使企业失去信心（阳火：精、气、神）。

火生土。例如：初创企业持续保持精、气、神和热情（阳火，离），就增加了气运（阴土，坤）。

木克土。火不足，木克土。如果初创企业综合解决问题能力（阴火）不足，过

大的研发投入(阳木,震)或者过大的扩张投入,如果没有成功,反而会影响企业气运(阴土,坤)。

4.4.2 成长期企业的成长与困难

土生金。例如:成长期企业是指已经产生盈利的企业(下同),此时,企业有了气运(阴土、坤),自然有了结交朋友的能力,既有进一步吸引人才的能力,又有更多外来朋友的支持(阳金,兑)。

火克金。土不足,火克金。例如:成长期企业由于产生盈利从而骄傲自满,则就不能做到谨言慎行(阳土,艮),过度的精、气、神和热情(阳火,离)反过来会得罪各类人,既失去交朋友的能力,也失去团队凝聚力(阳金,兑)。

金生水。例如:成长期企业,传播能力、结交朋友能力、销售能力(兑)可以进一步给企业带来财富(水)。

土克水。金不足,土克水。例如:成长期企业,如果学习能力(阴金,乾)不足,执行落地能力(阳土,坤)越强,越会凭感觉行事而不能做好计划、任务时间安排(阳水,坎)。

水生木。例如:成长期企业,盈利(阴水)以后,就具备了研发新产品的能力(震,阳木)。

金克木。水不足,金克木。例如:成长期企业即使实现盈利,如果资金实力(阴水,坎)不足,则原有的目标越强烈(阴金,乾),越会导致投入继续研发(阳木,震)或者扩张(阴木,巽)力度过大,如果由于资金实力不足而未能研发成功,反而会失去士气,导致研发人才流失和研发能力下降。

木生火。例如:成长期企业研发成功新一代产品能力(阳木,震)越强,或者顺利得到扩张(阴木,巽),企业就会越做越大,越有希望(阴火,离),从而越来越有热情。

水克火。木不足,水克火。例如:如果成长期企业研发(阳木,震)失败或者扩张(阴木,巽)失败,投入研发或者扩张的资金难以实现目标,从而受到挫折,使人失去信心(阳火:精、气、神)。

火生土。例如:成长期企业持续保持精、气、神和热情(阳火,离),就能持续增加气运(阴土,坤)。

木克土。火不足,木克土。虽然成长期企业各个方面顺利,但是,如果“三观”和行为准则(阴火,离)偏差又疏于风险防范,此时的专注力(阳木,震)反而会使人顾此失彼,从而导致决策失误,影响气运(阴土,坤)。

4.5　企业基础人才培养应用举例

土生金。例如：对于刚刚毕业进入工作阶段的新人而言，往往是从最基层开始做起，配合、执行落地（阳土，坤）和谨言慎行、坚持（阳土，艮），可以提高个人的工作兴趣，从而提高工作主动性，由此能得到同事和上级领导的认可（阳金，乾）。

火克金。例如：对于刚刚毕业进入工作阶段的新人而言，如果配合、执行落地（阳土，坤）不够，谨言慎行、坚持（阳土，艮）不够，若还没有靠山（基层领导的指导，土、艮），初始的工作热情（阳火）反过来会影响工作兴趣和主动性。

金生水。例如：对于刚步入工作的新人而言，如果基层领导得当，自己有了工作兴趣、主动性和学习能力（阳金，乾），并且工作得到基层领导和团队成员的认可（兑），自然就会升职或者加薪（水）。

土克水。例如：对于刚刚毕业进入工作阶段的新人而言，如果工作兴趣、主动性和学习能力（阳金，乾）不足，过度谨言慎行（阳土，艮），会导致其在工作上遇到问题时，不会主动向基层领导或者同事请教，从而影响工作进步（阴水）。

水生木。例如：对于刚刚毕业进入工作阶段的新人而言，如果计划、任务时间安排（阳水）得当，就能给自己留出用来学习提高的时间，从而就会有思考和研究的能力（木，震）。给自己留出结交朋友的时间，则就有公关能力、敏锐性（木，巽）。

金克木。例如：如果计划、任务时间安排（阳水）不当，使个人不能有学习提高的时间，以及结交朋友的时间，兴趣和主动性（阳金，乾）可能就会产生偏差，或者偏重于专注力、思考和研究能力（阳木，震），从而失去公关能力、敏锐性（阴木，巽）；或者偏重于公关能力和敏锐性（阴木，巽），从而失去专注力、思考和研究能力（阳木，震）。

木生火。例如：如果个人既有思考和研究能力（阳木，震），又有公关能力和敏锐性（阴木，巽），工作热情就会越来越高，（阳火，离），综合解决问题的能力就会越来越强（阴火）。

水克火。例如：木有两类，一类是震木，即具有专注、思考和研发能力（阳木，震），另一类是巽木，即有公关能力和敏锐性（阴木，巽）。通常两类木性质会相互排斥而难以兼顾，即如果震木强，则巽木弱，反之，巽木强则震木弱。在上述两种情况下，都会产生水克火现象。如果震木强巽木弱，在时间安排上，就会过于偏重某个方向的专注、思考和研发时间，偏废了公关时间安排，或者偏废了对其他领域的学习和接受新事物（阴木，巽）。俗话说“一个好汉三个帮”，如果没有人帮助，遇到问题单靠自己可能解决不了，即影响了综合解决问题能力（阴火）的提高。另外，某个领域研究的突破，往往会借助其他学科的思想和方法，若偏废了对其他领域的学习和接受新事物（阴木，巽），同样也会影响综合解决问题能力（阴火）的提高。反之，巽木强震木弱的道理也类似。如果过于关注公关时间，过于关注其他领域的学习和接受新事物（阴木，巽）的时间，而偏废专注、思考和研究（阳木，震）时间安排，同样会影响综合解决问题能力（阴火）的提高。

火生土。例如：由于综合解决问题能力（阴火）的提高，从而增加了其气运（阴土，坤），或者可以升职，或者可以被奖励和加薪。

木克土。例如：综合解决问题能力（阴火）不足，过强的专注力、思考和研究能力（阳木，震）反而使人固执，从而缺乏配合能力（阳土，坤）。或者过强的公关能力、敏锐性（阴木，巽）反而使人缺乏执行落地能力（阳土，坤）和坚持力（阳土，艮），从而影响气运（阴土，坤）。

4.6 子女教育、培养应用举例

上述五行模型除了可以在企业管理中得到应用，实际生活中，还有很多其他情况可以应用五行模型。比如可以用于个人成长，也可以用于家长对子女的教育与培养，举例如下。

土生金。例如：从婴幼儿到成人阶段，主要是配合和坚持（土、坤），有了配合和坚持，才有了兴趣和学习（金、乾与兑），即土生金。此阶段，是否具备配合和坚持（土、坤）性格，大人的教育和引导至关重要。如果孩子对各门课都充满兴趣，那他（她）的学习成绩就是拔尖的。

火克金。例如：成人前阶段的学习（金、乾与兑），如果配合、坚持不够（阳土：艮），又没有靠山（大人指导，土、艮），学习中遇到的问题没有得到解决，初始的学习热情（阳火）会反过来影响学习兴趣（阳金）。此情况，有的人发生在小学时期，有的人发生在初中时期，有的人则发生在高中时期，而有的人发生在大学时期。

金生水。例如：如果孩子顺利度过了小学阶段，有了学习能力（阳金，乾），能够有充足的时间（水）应付各门课程的学习，并且学习良好（此处指学校或者班级排名保持拔尖）。

土克水。例如：进入初中阶段，各门课程的学习任务变重了，作业也变多了，如果学习能力不足（阳金，乾），配合和坚持（阳土，坤和艮）使孩子为了完成各项作业而休息和睡眠时间不足（水），从而导致白天上课没有精力，如此恶性循环，反而影响学习进步（水）。

水生木。例如：步入高中阶段，如果个人有计划、任务时间安排（阳水）的能力，就有时间思考和完成难题，从而提高自己的思考和研究能力（阳木，震）。同时，就有时间参与学校与社会的相关活动，从而提高自己的公关能力和敏锐性（阴木，巽）。

金克木。例如：步入高中阶段，如果个人的计划、任务时间安排（阳水）能力不足，则过强的兴趣（阳金，乾）会导致孩子偏好和偏科。偏好理工类的人会失去公关能力和敏锐性（阴木，巽）。偏好文科类的人则会失去专注力、思考和研究能力（阳木，震）。

木生火。例如：步入大学阶段，如果个人既有思考和研究能力（阳木，震），又有公关能力和敏锐性（阴木，巽），那么孩子就会既有精、气、神，（阳火，离），又有综合解决问题的能力（阴火）。

水克火。例如：步入大学阶段，无论是理工类还是文科类的，个人计划、任务时间安排能力强的，反而容易将其引导得越来越偏科，从而综合解决问题的能力（离，阴火）就较弱，即造成“高分低能”的结果。

火生土。例如：大学毕业后，无论孩子是步入工作，还是继续攻读研究生，由于大学期间综合解决问题能力（阴火）的提高，从而可以增加其气运（阴土，坤），或者可以找到理想工作，或者可以继续深造。

木克土。例如：综合解决问题能力（阴火）不足，过强的专注力、思考和研究能力（阳木，震）反而使人固执，从而缺乏配合能力（阳土，坤）。或者过强的公关能力、敏锐性（阴木，巽）反而使人缺乏执行落地能力（阳土，坤）和坚持力（阳土，艮），从而影响气运（阴土，坤），即工作不顺利。

4.7　五行模型在创业投资过程中的应用思路

在本书 3.5 节“投、融资过程中四个‘四象’”中我们讲过投、融资过程中的第一个“四象”：募、投、管、退。显然，分析和判断备选投资企业的五行是可以作为投资决策依据的。其中，管包括增值服务，而增值服务也包括为企业提供咨询意见。因此，根据被投企业当下的五行情况来提供切实可行的咨询意见。对于“退”，同样可以根据被投企业五行情况来决定是否将投资退出。

企业的初创期、成长期和成熟期，其五行水平是不一样的，因此，投资决策判断的依据也是不一样的，为企业提供咨询意见也是不一样的。

1. 天使轮投资应用举例

初创期企业，即天使轮投资决策，其主要判断依据是“阴金”，具体包括：领头人的愿力、企业目标和方向。此时，追求企业十全十美是不可能的，即使是团队，也不可能十分健全。对领头人的要求，也不能追求十全十美，也许领头人并不懂所选目标和方向所涉及的技术，甚至是门外汉。例如初创期的阿里与马云，此时为企业提供的咨询意见主要是“阳金”，即团队建设。

2. A 轮投资应用举例

A 轮投资，对于企业来说，也还属于初创期企业。除了重新审视天使轮投资的判断依据是否正确以外，新增的主要判断依据是“阳土”，具体包括：企业内部配合和原有计划执行落地情况。此时为企业提供的咨询意见主要是“阳水”，即计划、任务时间安排。

3. B 轮投资应用举例

B 轮投资，应针对成长期企业。除了重新审视天使轮投资和 A 轮投资的判断依据是否正确以外，新增的主要判断依据是“阳水”和“阳木”，具体包括：计划、任务时间安排能力，所开发的产品或者服务是否具有技术上的领先性。此时为企业提供的咨询意见主要是“阳金”与“阴火”，具体包括：销售能力提升、“三观”和行为准则、综合解决问题能力、防范风险能力。

4. C 轮投资应用举例

C 轮投资，应针对成长后期企业。除了重新审视天使轮、A 轮和 B 轮投资的判断依据是否正确以外，新增的主要判断依据是“阳金”与“阴火”，具体包括：销售能力、“三观”和行为准则、综合解决问题能力、防范风险能力。此时为企业提供的咨询意见主要是“阳土”，即谨言慎行，具体包括：做好客户管理，防止客户流失。

5. D 轮投资应用举例

D 轮投资，对于企业来说，应针对成熟期企业。除了重新审视天使轮、A 轮、B 轮和 C 轮投资的判断依据是否正确以外，新增的主要判断依据是“阴水”，具体包括：企业财务状况。此时为企业提供的咨询意见主要是“阴土”和“阳木”，即靠山、气运、产品/服务的技术升级、新客户和业务开拓。

4.8 五行模型与五力模型

五行模型不仅可以应用于企业经营管理，还可以应用于人才成长等诸多方面。

在五行模型中，企业在确定目标和方向（“金”）时，可以参考五力模型（详见本书 6.1 节）。但是，从长远来看，企业在确定目标和方向时，还需要考虑市场总潜力(总容量)。

五力模型往往会给人暗示：企业要有竞争力，在五个方面都需要做到极致(图 4-6)。事实上，企业在五个方面都做到极致的可能性微乎其微。如果企业想在某方面做到极致，反而会产生相克现象，即对另外一些方面产生负相关，这可能是全球范围内(中国在短缺经济以后时代也不例外)创业企业存活率不超过 10%(普遍存活期在 3～7 年)的原因。

五力模型讲的是果，而不是因。五行模型讲的则是因，做好因，自然会有果。企业成长的机理在于因，而不是果。

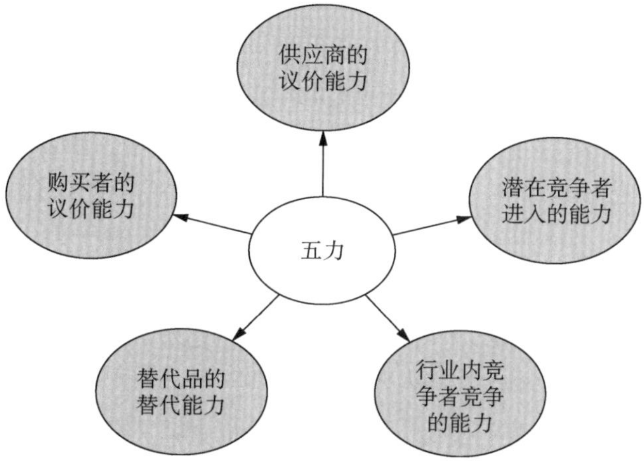

图 4-6　波特五力模型分析

第 5 章

12 智慧元素、五行模型的应用方法导引

通常人们认为“人有专长，术有专攻”“让合适的人做合适的事”。但是，在很多情况下，人们往往会遇到陌生的领域或者事情，又必须亲自面对，并且需要应对及时。通常不会有很多的时间让你去学习或者请教有相应专长的人。例如：对于初创企业来说，由于资金有限，不可能一下子招聘到顶级的战略管理人才、财务管理人才、人力资源管理人才、创新管理人才和营销管理人才。同时，对于创业团队来说，在创业之初，大家可能都没有学习过上述领域的相关理论与方法，也没有相关的工作经验。创业团队在招聘上述相关人才的同时，往往需要自己从零开始学习，很多事要亲力亲为。

在 12 智慧元素中，我们喻为“智慧入门”“福德入门”“上进心”“配合心”“放下之心”和“无实无虚之心”，以及“球架”“天梯 1”“天梯 2”和“天梯 3”，都可以理解为“道”，也可以理解为“底层的底层”的“存在”。“南北极”和“赤道”则可以理解为“底层”的“存在”。根据“赤道”所推导出来的所有理论(即切换假设所推导出来的新理论)，则可以认为是“底层的理论”。其中，本书第 4 章所讲的五行模型，可以理解为“底层的理论”。

“底层的理论”可能有很多很多，因为原则上可以有很多假设。至于“底层的理论”是否成立，主要看该理论是否可以解释和应用于现实。但是，当下不存在的现实案例不等于未来不会出现。

12 智慧元素可能有无限的应用，一般可以分为四大类应用：①如何有可能立于不败之地；②如何有可能快速成为陌生领域半个专家；③如何有可能成为专家；④如何有可能成为顶级专家。

本书所指的专家或者顶级专家，包括工作上和事业上的，并不一定局限于学术方面。

另外，我们特别强调“有可能”，而不是一定。

5.1　有可能快速成为陌生领域半个专家的应用方法

原则上，运用 12 智慧元素中的“南北极”“天梯 1”“赤道”和“球架”四类思维方法，可以推导出经典经济学、管理学，以及经典自然科学技术的各门学科体系。以“南北极”作为思维切入点，有可能使人快速成为陌生领域的半个专家。

1. 推导高等数学知识体系

以高等数学为例。假设你是一名文科生，或者只有初中文化程度，没有任何函数的概念，更没有学习过高等数学。然而，你可以运用 12 智慧元素推导出来高等数学知识体系，推导方法如下。

12 智慧元素之一的“南北极”含义有：①要什么？如何开始？②因果关系。

企业的营业利润是果，因是企业营业收入与营业成本，具体可以表达为：营业利润＝营业收入－营业成本。所谓的函数概念，就是用数学语言表达因果关系。上述的营业利润，用数学语言表达成为因变量，也就是果。上述的企业营业收入与营业成本，用数学语言表达成为自变量，也就是因。

为了方便起见，用字母 F 表示果，用字母 x 和 y 表示因，对于营业利润、营业收入与营业成本之间的因果关系来说，就可以用式(5-1)表示：

$$F=x-y \tag{5-1}$$

企业的营业利润不等于可用于股东分红的企业净利润，企业可能还有营业外收入(如政府补贴)与营业外支出(如捐赠)，企业还需要交纳所得税。如果将企业营业外收入与营业外支出分别用 u 和 v 表示，所得税用 z 表示，则企业净利润的因果关系，用数学语言可以表达为：

$$G=x-y+u-v-z \tag{5-2}$$

所谓的数学函数，就是描述因果关系的一种数学表达。英文字母，就好像人的名字，我们给营业利润取了一个英文名字 F，给企业净利润取了一个英文名字 G，给企业营业收入、营业成本、营业外收入、营业外支出和所得税分别取了英文名字：x，y，u，v，z。反过来，很多人可以取同样的名字，也就是说，F，G，x，y，u，v，z，不一定表示营业利润、企业净利润、营业收入、营业成本、营业外收入、营业外支出和所得税，也可以分别表示个人的收入、净节余、生活支出、接受的捐赠、对外捐赠、个人所得税等。

不同的因果关系，其形式往往也不同。例如：某人做投资，其资金积累的因果关系如式(3-3)所示,式中 A_1, A_2 和 A_3 是不变的量,用数学语言则称之为常量。因果关系形式不同,用数学语言讲就是函数形式不同。常见的函数形式有:

$$F = 2x \tag{5-3}$$

$$G = 2x^2 \tag{5-4}$$

$$H = 2x^3 \tag{5-5}$$

函数形式的不同,其实本质上体现的是因果关系的强弱程度。假如 x 从 1 增加至 3,在式(5-3) 中,F 从 2 增加至 6,在式(5-4) 中,G 则从 2 增加至 18,而在式(5-5)中,则 H 从 2 增加至 54。显然,函数如式(5-5)所表示的因果关系最强,式(5-4)次之,式(5-3)最弱。如果上述因果关系一直不变,用数学语言讲,上述函数是称为连续函数。但在现实世界中,因果关系往往是变化的。在保持因果关系不变的情况下自变量(因)可以变化的范围,用数学语言讲称之为函数的定义域,因变量(果)所变化的范围称之为函数的值域。

因果关系的强弱可以用变化率来描述,即果的变化除以因的变化。例如:上述 x 从 1 增加至 3,因的变化是 2,用数学语言表达 $\Delta x = 2$。式(5-3)、式(5-4) 和式(5-5) 的果的变化分别是 4、16 和 52,用数学语言表达 $\Delta F = 4$, $\Delta G = 16$, $\Delta H = 52$。 相应的变化率分别为:2、8 和 26。用数学语言表达,就是: $\Delta F/\Delta x = 2$, $\Delta G/\Delta x = 8$, $\Delta H/\Delta x = 26$。

在将 x 从 3 增加至 6 的时候,会发现式(5-3)的变化率是不变的,一直等于 2。而式(5-4)的果从 18 变化至 50,变化率为 32/3(近似为 10.7),式(5-5)的果从 54 变化至 432,变化率为 144。

由此可知,仅用变化率的概念还不足以充分描述因果关系的强弱,再进一步,还可以用变化率的变化率进行描述。式(5-5)的变化率的变化率最大,式(5-4)次之,式(5-3)最弱。

如果进一步假定因的变化(即 Δx) 是无限小,我们可以推导出:式(5-3) 的变化率永远是 2,式(5-4) 的变化率是 $4x$,式(5-5) 的变化率是 $6x^2$。

用数学语言来表达,因的变化(即 Δx) 无限小的时候,这种变化率称之为一阶导数,变化率的变化率称之为二阶导数。

总之,运用 12 智慧元素中的“南北极”“天梯 1”“赤道”和“球架”四类思维方法,可以推导出经典数学的知识体系。

2. 推导经典力学知识体系

以经典力学为例。假设你是一名文科生,或者只有初中文化程度,没有学习过经典力学。然而，你可以运用 12 智慧元素推导出经典力学知识体系，推导方法如下。

12 智慧元素之一的“南北极”含义有：①要什么？如何开始？②因果关系。

物体的运动是果，那么因是什么？牛顿在研究物体的运动时，通过实验证明物体运动的加速度与外来的作用力之间构成如下因果关系：

$$a = F/m \tag{5-6}$$

式中，a 表示物体的加速度；F 表示外来作用力；m 表示物体的质量。

3. 推导财务会计知识体系

以财务会计为例。假设你是一位理工科生，之前没有学习过任何财务会计类课程，也没有接触过此类事务。然而，你可以运用 12 智慧元素推导出财务会计专业知识体系。推导方法如下。

同样使用 12 智慧元素之一的“南北极”，其含义有：①要什么？如何开始？②因果关系（函数关系）。

无论你是创业投资人或者是创业者，对于要什么？显然，要利润。那么，利润作为一个因变量，它的自变量又是什么？其函数形式是什么？显然有：

$$\text{营业利润} = f_1(\text{营业收入，营业成本}) \tag{5-7}$$

也就是说，营业利润是营业收入和营业成本的函数，营业收入和营业成本是营业利润的自变量。具体函数形式有

$$\text{营业利润} = \text{营业收入} - \text{营业成本} \tag{5-8}$$

作为函数研究，首先关注其完备性。企业有些收入可能不是营业收入，例如政府津贴。有些支出可能不是营业支出，例如对外慈善捐款。因此，企业利润具体函数形式可以变为：

$$\text{企业利润} = \text{营业利润} + \text{营业外收入} - \text{营业外支出} \tag{5-9}$$

企业利润要分红，政府要收所得税，所以企业利润还不是净利润，真正的净利润如式(5-10)所示。

$$\text{净利润} = \text{企业利润} - \text{所得税} \tag{5-10}$$

根据上述推导过程，我们用一张表可以将企业利润讲清楚，此表即利润表。利润表的具体公式即式(5-2)。表 5-1 是某上市公司的一张真实的利润表。

表 5-1 某公司利润表 单位:元

项目	年份	
	2018 年	2017 年
一、营业总收入	3 063 497 614.08	1 855 798 486.64
二、营业总成本	5 407 485 833.97	2 442 418 087.88
其中:营业成本	460 862.29	463 265.40
税金及附加	30 512 736.01	20 326 877.07
管理费用	2 501 151 119.21	1 092 875 914.60
财务费用	2 875 349 113.56	1 328 757 786.01
其中:利息费用	9 038 045 524.88	5 523 667 660.74
利息收入	6 220 945 908.83	4 194 082 411.99
资产减值损失	—	(5 755.20)
信用减值损失	12 002.90	—
加:投资收益	25 489 017 395.85	14 024 404 122.95
其中:对联营企业和合营企业的投资收益	226 695 033.88	3 226 761.29
公允价值变动损益	2 044 931.51	—
资产处置收益(损失以“—”填列)	265 175.52	(294 807.50)
三、营业利润	23 147 339 282.99	13 437 489 714.21
加:营业外收入	358 091.15	15 000 000.00
减:营业外支出	514 666.69	15 273 733.93
四、利润总额	23 147 182 707.45	13 437 215 980.28
减:所得税费用	160 834 282.64	—
五、净利润	22 986 348 424.81	13 437 215 980.28
六、其他综合收益的税后净额	—	—
七、综合收益总额	22 986 348 424.81	13 437 215 980.28

股东要分红,但是如果有利润而分不了红,那么股东一定想知道账上到底有多少钱?

账上的钱(当期余额)应该等于上一年经营活动流下来的钱(上期余额)加上本期经营活动流入的钱,再减去本期经营活动流出的钱(即本期经营活动的现金流量)。

账上的钱(余额)就是果,上期余额、本期经营活动流入的钱、本期经营活动流出的钱是因,用函数关系表示如下:

$$Q_2 = Q_1 + I - O \tag{5-11}$$

式中,Q_2 表示当期现金及等价物余额;Q_1 表示上期现金及等价物余额;I 表示本期经营活动的现金流入;O 表示本期经营活动的现金流出。

要想进一步分析现金流入和流出情况,就需要分类思维。现金流量的分类包括:经营活动现金流、投资活动现金流、筹资活动现金流、汇率变动影响、现金及其等价物净增、期末余额。表 5-2 是某上市公司的一张真实的现金流量表。

表 5-2　某公司现金流量表　　单位:元

项目		年份	
		2018 年	2017 年
一、经营活动产生的现金流量	收到其他与经营活动有关的现金	202 957 877 249.31	219 108 479 321.41
	经营活动现金流入小计	202 957 877 249.31	219 108 479 321.41
	支付给职工以及为职工支付的现金	645 020 598.97	575 417 231.27
	支付的各项税费	329 364 749.32	44 738 127.15
	支付其他与经营活动有关的现金	240 888 846 140.13	232 619 831 806.71
	经营活动现金流出小计	241 863 231 488.42	233 239 987 165.13
	经营活动产生的现金流量净额	(38 905 354 239.11)	(14 131 507 843.72)
二、投资活动产生的现金流量	收回投资收到的现金	208 823 497.21	—
	取得投资收益收到的现金	10 033 767 618.03	10 833 879 856.70
	处置固定资产、无形资产和其他长期资产收回的现金净额	349 000.00	—
	收到其他与投资活动有关的现金	484 893 131.54	7 028 146 342.99
	投资活动现金流入小计	10 727 833 246.78	17 862 026 199.69
	购建固定资产、无形资产和其他长期资产所支付的现金	842 261.27	7 877 198.02
	投资支付的现金	6 460 998 931.23	1 788 041 760.00

（续表）

项目		年份	
		2018 年	2017 年
二、投资活动产生的现金流量	支付的其他与投资活动有关的现金	11 500 000 000.00	—
	投资活动现金流出小计	17 961 841 192.50	1 795 918 958.02
	投资活动产生的现金流量净额	(7 234 007 945.72)	16 066 107 241.67
三、筹资活动产生的现金流量	取得借款收到的现金	76 541 198 357.18	69 575 950 000.00
	发行债券所收到的现金	24 420 683 300.00	3 988 000 000.00
	收到的其他与筹资活动有关的现金	9 636 060 833.26	—
	筹资活动现金流入小计	110 597 942 490.44	73 563 950 000.00
	偿还债务支付的现金	52 973 879 580.69	22 046 263 094.20
	分配股利或偿付利息支付的现金	18 242 885 921.24	13 962 584 616.22
	筹资活动现金流出小计	71 216 765 501.93	36 008 847 710.42
	筹资活动产生的现金流量净额	39 381 176 988.51	37 555 102 289.58
四、汇率变动对现金及现金等价物的影响		(2 842 634.37)	(569 639.67)
五、现金及现金等价物净(减少)/增加额		(6 761 027 830.69)	39 489 132 047.86
加:年初现金及现金等价物余额		84 438 255 934.40	44 949 123 886.54
六、年末现金及现金等价物余额		77 677 228 103.71	84 438 255 934.40

股东出资创办企业，几年积累下来，一定想知道家底，即想知道企业的权益(资产)情况。

企业在经营过程中，既有它欠别人的，也有别人欠它的。企业可以支配的资产包括自有资产加上它欠别人的，称为总资产。因此，就有：所有者权益＝总资产－总负债。用数学函数表示为：

$$P_{自}=P_{总}-P_{负} \tag{5-12}$$

(1) 总资产：流动资产＋非流动资产；

(2) 流动资产：现金、应收款、预付款、容易变现的等价物(如存货)；

(3) 非流动资产：长期应收款、长期预付款、长期股权投资、其他难以马上变现的等价物(如无形资产、商誉等)；

(4) 流动负债：短期借款、各类(短期)应付款；

(5) 非流动负债：长期借款、各类(长期)应付款。

表 5-3 是某上市公司的一张真实的资产负债表。

表 5-3　某公司资产负债表　　单位:元

项目		时间	
		2018 年 12 月 31 日	2017 年 12 月 31 日
资产	流动资产:		
	货币资金	77 677 228 103.71	84 438 255 934.40
	交易性金融资产	11 502 044 931.51	—
	其他应收款	334 757 818 390.25	225 897 281 604.24
	其他流动资产	—	—
	流动资产合计	423 937 091 425.47	310 335 537 538.64
	非流动资产:		
	可供出售金融资产	—	211 560 000.00
	其他非流动金融资产	257 838 906.25	—
	长期股权投资	28 528 085 729.22	19 477 093 077.34
	投资性房地产	1 809 691.23	2 270 553.52
	无形资产	3 032 935 495.09	—
	固定资产	37 025 636.76	43 208 215.37
	在建工程	104 583 982.59	—
	递延所得税资产	—	160 834 282.64
	其他非流动资产	482 840 668.16	—
	非流动资产合计	32 445 120 109.30	19 894 966 128.87
	资产总计	456 382 211 534.77	330 230 503 667.51
负债及股东权益	流动负债:		
	短期借款	6 655 680 000.00	6 574 750 000.00
	应付票据及应付账款	2 333 544 910.76	807 811 408.88
	合同负债	3 386 091 698.11	—
	应付职工薪酬	2 741 317 136.93	1 133 945 344.66
	应交税费	14 326 198.11	128 361 701.83
	其他应付款	198 081 624 244.56	139 676 718 301.18

（续表）

项目		时间	
		2018年12月31日	2017年12月31日
负债及股东权益	其他流动负债	14 192 230 386.15	—
	一年内到期的非流动负债	46 016 343 200.00	38 568 200 000.00
	流动负债合计	273 421 157 774.62	186 889 786 756.55
	非流动负债：		
	长期借款	79 460 145 576.49	61 365 200 000.00
	应付债券	23 388 237 865.39	14 913 958 216.60
	非流动负债合计	102 848 383 441.88	76 279 158 216.60
	负债合计	376 269 541 216.50	263 168 944 973.15
	股东权益：		
	股本	11 039 152 001.00	11 039 152 001.00
	资本公积	9 573 713 477.35	9 573 713 477.35
	盈余公积	47 393 246 041.44	35 900 071 829.04
	未分配利润	12 106 558 798.48	10 548 621 386.97
	股东权益合计	80 112 670 318.27	67 061 558 694.36
	负债及股东权益总计	456 382 211 534.77	330 230 503 667.51

4. 推导工商管理学知识体系

以工商管理学知识体系的推导为例。假设你是一名理工科生，之前从没有接触和学习过工商管理类课程。然而你可以运用12智慧元素推导出工商管理学知识体系，推导方法如下。

12智慧元素之一的“南北极”含义有：①要什么？如何开始？②因果关系（函数关系）。

无论你是创业投资人或是创业者，对于要什么？显然，要利润。营业利润＝营业收入－营业成本，营业收入＝销售量×销售价格。

若要提高销售量，就需要营销与广告，所以就有了市场营销学与广告学。

若要提高销售价格，就需要提高产品质量，所以需要有创新管理和质量管理。

若要提高营业利润，就需要降低营业成本。

若要降低营业成本，就需要对营业成本构成进行分类。虽然分类方法可以不同，但是都要求完备性。为了便于理解，我们按企业工作流程进行如下分类：

(1) 采购成本：包括原材料购买成本、原材料运输成本。

(2) 生产成本：包括用于将原材料加工为产成品的生产设备成本、用于将原材料加工为产成品的能源成本、将原材料加工为产成品的生产场地成本、将原材料加工为产成品的生产工人成本。

(3) 销售成本：包括将产成品销售给顾客的销售人员成本、为了扩大知名度的广告成本、将产成品销售给顾客的营业场所成本、将产成品销售给顾客的能源消耗成本、将产成品送到客户手中的运输成本。

(4) 统筹管理成本：包括统筹管理的后台工作人员成本、统筹管理的后台工作人员的办公场地成本、统筹管理的后台工作人员的办公手段成本(如电脑等)、统筹管理的后台工作人员的能源成本。

要降低原材料运输成本和将产成品送到客户手中的运输成本，关键就是物流管理。

要尽量减少生产环节的人工成本，关键就是运营管理。

要尽量减少统筹管理的后台工作人员成本，关键就是人力资源管理和信息化管理。

5. 推导市场学与营销学知识体系

再以市场学与营销学知识体系的推导为例。假设你是一位理工科生，之前没有学习过任何市场学和营销学类课程，也没有接触过此类事务。然而你可以运用 12 智慧元素推导出市场学和营销学知识体系，推导方法如下。

12 智慧元素之一的“南北极”含义有：①要什么？如何开始？②因果关系(函数关系)。

市场学与营销学要什么？显然，要的是将产品以尽量高的价格，尽量多地卖给用户。在企业准备生产什么样的产品之前，需要有一个决策。因为，一旦决策制定了，就需要投入资金买生产用的设备并建设相应的厂房，一旦投入以后，再想转型生产其他产品，则原有设备和厂房可能就不适用了。这种投入前的决策就是市场学。一旦真正投入以后，则需要将产品以尽量高的价格卖给更多的用户，这就是营销学。

1) 市场学

任何产品并非是所有顾客都需要的。即使需要的顾客，也并非所有顾客都有购买能力。即使顾客需要并且有购买能力，也还需要认为是物有所值的。要确定上述顾客群体，则需要进行潜在顾客调查和分类。《易经·系辞上传》第四章云:“**易与天地准,故能弥纶天地之道**。”显然,也可以弥纶市场之道,按《易经》的分类方法可以有如下八类,如图 5-1 所示。

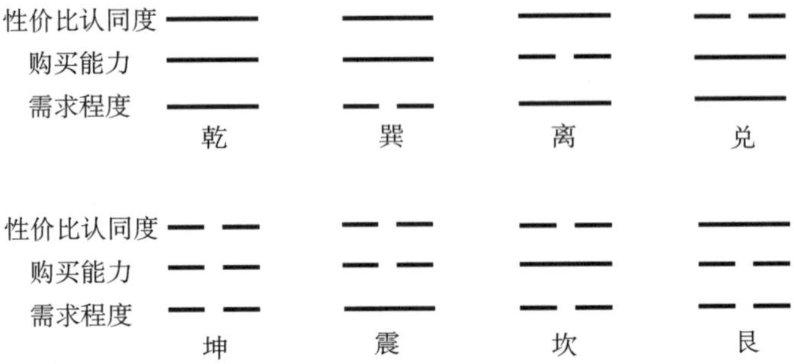

图 5-1 按《易经》方法分类顾客

原始的《易经》只有图形,没有文字。加上文字,则可以便于区分和表达。因此,上面八类可以理解为:乾代表潜在顾客有需求,有购买能力,认同性价比。巽代表潜在顾客无需求,有购买能力,认同性价比。离代表潜在顾客有需求,无购买能力,认同性价比。兑代表潜在顾客有需求,有购买能力,不认同性价比。坤代表潜在顾客无需求,无购买能力,不认同性价比。震代表潜在顾客有需求,无购买能力,不认同性价比。坎代表潜在顾客无需求,有购买能力,不认同性价比。艮代表潜在顾客无需求,无购买能力,认同性价比。

如果通过顾客调查发现,乾类顾客占大多数,则表明可以决策投资,上此类产品生产线。如果通过顾客调查发现,乾类顾客占很少,不足以收回投资,则需要放弃该决策。

另外,性价比认同度还与产品定价有关。假定将可以盈利的定价分成低价、中价和高价,还可以通过调查和运算来决定定价策略。对此,同样可以进行分类分析,如图 5-2 所示。

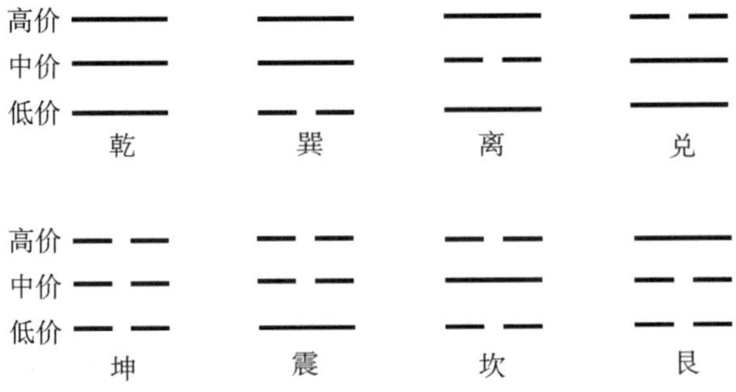

图 5-2 按《易经》方法分类定价

上图中的巽、坎和艮类顾客可能认为“便宜无好货，好货不便宜”，但是巽、艮类顾客的购买力和这种心理，相比坎类可能更强烈。

企业利润＝销售量×销售价格。但价格低、销售量大，不等于利润高。反之，价格高、销售量低，也不等于利润高。想要制定完全准确的定价策略是不容易的，在上述分类思想下，可以进行产品系列化，即分不同价格、不同档次的产品。

2）营销学

除了需求和价格因素决定客户是否购买产品以外，还有其他一些影响因素，包括：对产品的认知程度、购买和使用的方便程度。另外，对于多频（如快速消费品）消费品而言，影响因素还包括消费体验感觉。

6. 推导尽职调查的方法

以尽职调查为例。假设你是一名位理工科生，之前没有学习过任何投资方面的知识，也没有接触过此类事务。然而，你可以运用 12 智慧元素推导出尽职调查的方法，推导过程如下。

12 智慧元素之一的“南北极”含义有：①要什么？如何开始？②因果关系（函数关系）。

投资所要的是回报。因此，关于投资回报的函数关系有：

$$投资回报=\frac{P_2}{P_1} \tag{5-13}$$

式中，P_1 表示投入时的被投资企业估值下的投资额；P_2 表示若干年后投资回撤时所投资额下的预计市值，$P_2=$ 若干年后投资回撤时的预期市盈率 × 预期利润。

上述作为尽职调查的出发点，就是近似的“道”。以下的推导过程，可喻为“法”。

（1）相关函数

预期市盈率与企业所属行业属性和商业模式有关。有的行业和商业模式，市场给其市盈率会很高，而有的行业，市场给其市盈率会很低。同时，市场给其市盈率还与企业本身的成长性有关。故预期市盈率有如下函数关系：

$$预期市盈率=f_1(市场属性，企业自身成长性) \tag{5-14}$$

企业本身的成长性主要看其预期的利润增长率，换成数学语言即利润对时间的一阶偏导数与二阶偏导数：$\frac{\partial R}{\partial t}$ 和 $\frac{\partial^2 R}{\partial t^2}$。

通过对比三家企业的利润增长情况可知一阶偏导数与二阶偏导数的意义，见表 5-4。

表 5-4 三家企业利润的增长情况

项目	企业甲			企业乙			企业丙		
	前 2 年	前 1 年	当年	前 2 年	前 1 年	当年	前 2 年	前 1 年	当年
利润/万元	10 000	8 000	5 000	3 000	4200	5 000	2 000	2800	5 000
利润增长率（利润的一阶导数）		−20.0%	−37.5%		40.0%	19.0%		40.0%	78.6%
利润增长率的增长率（利润的二阶导数）						−52.4%			96.4%

由表 5-4 可以看出，当年同样利润的企业背后，其成长性是不同的。假如，企业甲、企业乙和企业丙所从事的行业不一样，则表明二者所处的行业成长性是不同的。假如企业甲、企业乙和企业丙所从事的行业相同，所生产的产品是同类的，则表明三者的内在成长动力是不同的。

(2) 企业预期利润

企业预期利润与其预期销售额和预期成本有关，即有如下函数：

$$\text{企业预期利润} = \text{预期销售额} - \text{预期成本} \tag{5-15}$$

$$\text{预期销售额} = \text{预期销售量} \times \text{预期销售价格} \tag{5-16}$$

由上述函数关系可以看出：企业的预期利润不仅与预期销售量有关，还与预期销售价格和预期成本有关，即有如下函数关系：

$$\text{预期毛利润} = f_3(\text{预期销售量，预期销售价格，预期成本}) \tag{5-17}$$

预期销售量的增长率与市场本身容量、潜力及企业在市场所占的份额有关。预期销售价格又与企业的市场定价能力有关。定价能力则与企业的垄断能力有关。定价能力或者说垄断能力，可能取决于其技术的垄断性，也可能取决于品牌的垄断性等。制造成本与管理水平、技术和原材料价格有关。

上述分析过程，包括了 12 智慧元素中的“天梯 1”（分类思维）。通过不断寻找影响因素的函数关系，我们将问题层层分解，从而构成交叉复合函数。最后，对各类影响因素进行合并同类项，即可得到尽职调查的内容提纲。尽职调查的内容就是这些影响因素的调查内容。

在企业的不同发展阶段，尽职调查的内容侧重点会不一样。不同的投资机构，不同的投资经理，对于同一家企业所做的尽职调查报告内容也会不一样，从而得出是否投资的决策结果也不同，即所谓的仁者见仁，智者见智。因此，也就有不同的投资机构和不同的投资经理的水平和业绩差别。

就尽职调查而言，在业内往往有常用的调查提纲和版本，新手投资经理可以参照，但这只是停留在“术”的层面。我们可以通过“道”与“法”的层面，推导出“术”。

7. 推导证券市场的规律和游戏规则

以证券市场为例。假设你是一名理工科生，之前没有学习过任何投资和证券市场方面的知识，也没有接触过此类事务。然而，你可以运用 12 智慧元素推导出证券市场的规律和游戏规则，推导方法如下。

12 智慧元素之一的“南北极”的含义有：①要什么？如何开始？②函数关系。

证券市场，特别是股票市场，其形成的原因及其逻辑关系如下。

(1) 企业融资需求。假定企业 A 拥有自有资金 1 000 万元，但是企业发展需要 5 000 万元，该企业可以有两种解决资金需求的方法：方法一是通过股权融资解决；方法二是通过借款解决。假如通过方法一解决，有出资人甲出资 4 000 万元，则甲占企业 80%股份。

(2) 企业股权转让需求。如(1)中所述，出资人甲出资后却发现自己也需要资金有新用途，但是企业 A 已将 5 000 万元变成了厂房和生产设备，此时出资人甲无法从企业 A 中回撤退出资金了，只能将自己拥有企业 A 的股权转让出去。因此，接着企业融资需求而来的是股权转让需求。

(3) 出资人甲在寻找股权受让者的过程中，可能找不到一次性能够出资 4 000万元的受让者，因此，就只能多找几个受让者共同分摊 4 000 万元。假定出资人甲找到乙、丙、丁和戊分别出资 1 000 万元，那么自然就有了股权拆分的过程。后来，乙、丙、丁和戊又发现各自也需要资金有新用途，所以又想办法分别将自己的股权转让给己、庚、辛和壬。因此，就形成了一种股权转让交易市场。

(4) 在股权交易过程中，人们发现将股权拆分得越细，越容易找到受让者，从而逐渐形成了一个标准化的股权拆分方法。例如：将企业 A 拆分成 5 000 万股，每股 1 元，从而便于计算和找到受让人。

(5) 在股权转让过程中，人们又遇到这样的情况，有多人同时想出让企业 A

的股权，又有多人同时想受让企业 A 的股权。因此，就想出来一个竞价交易机制。例如：

① 买方 1 报价 1.01 元/股，买 300 股；卖方 1 报价 0.99 元/股，卖 100 股。

② 买方 2 报价 1.00 元/股，买 200 股；卖方 2 报价 1.00 元/股，卖 200 股。

③ 买方 3 报价 0.99 元/股，买 300 股；卖方 3 报价 1.01 元/股，卖 300 股。

对于买方来说，出价高者优先，对于卖方来说，出价低者优先。因此，买方 1 以 0.99 元/股的价格买了卖方 1 的 100 股和以 1.00 元/股的价格买了卖方 2 的 200 股。买方 2 和买方 3 则买不到自己要求价格的股票了。卖方 3 则卖不掉自己要求价格的股票了。结果可能有两种情况：一是买方 2 和买方 3 为了想要买到自己所要的股票，就提高自己的买价；二是卖方 3 为了卖掉自己的股票而降低价格。至于是情况一还是情况二，则取决于买方和卖方对股票未来价格的心理预期。买方和卖方的报价过程也是一种心理博弈的过程。

1）证券市场的自律和监管

由上述分析过程可知，证券市场，特别是股票市场，其成因的内在逻辑关系来自企业融资和股权转让的需求。

企业融资和股权转让方为了达到目的，一定会有“王婆卖瓜，自卖自夸”的现象。因此，对于买方来说，自然就要求卖方需要有诚实的信息披露。因为市场是双方的市场，即卖方和买方，所以自然就诞生了自律和监管的要求。自律和监管的内容之一就是需要诚实的、交易过程所必需的信息披露。从多个角度看问题，就能知道对于信息披露具体的内容要求。

(1) 从诚实的角度来看，需要披露企业历史上是否有违规和违法记录。

(2) 从历史经营业绩角度来看，需要披露历史财务情况。

(3) 从未来发展角度来看，需要披露影响未来发展的一些重大事项，如影响重大经营决策的股东变化情况、重大交易合同签署情况等。

2）在自律和监管情况下促使证券市场繁荣和股灾的内因

有了上述信息内容披露要求下的自律和监管，当在交易过程中出现了标准化的股权拆分方法以后，股权转让企业自然有分化，其中极端两大类是：一类是诚实守信、以往业绩好和前景好的企业；另一类则是完全相反的企业。因此，自然就有了进入市场进行标准化的股权拆分后交易的准入门槛。

由于有了准入门槛，那么可以进行交易的企业数量就有限了，又由于有了标准化的股权拆分方法以后，中小投资者都可以参与交易了，在竞价撮合交易机制下，在买方多于卖方的情况下，股价自然就会不断上涨而创新高，股价严重脱离其内在价值，最后就可能形成巨大泡沫。一旦投资者醒悟以后，则又有反方向效果,即卖者多、买者少,最后可能变成有价无市,股市崩盘。1929 年的美国股灾就是如此形成的。

5.2　有可能成为专家的应用方法

此处所指的专家是指在工作上和事业上的进步,并不一定局限于学术方面。下面就多个方面举例说明。

1. 财务管理

在 5.1 节的"财务会计"举例中,财务会计是指对企业经营历史的记录与分析。我们运用 12 智慧元素之一的"南北极"思想可以推导出财务会计的知识体系,而财务管理则需要把握未来。对于能够把握未来的,我们喻其为"专家"。把握未来的思维就是 12 智慧元素中的"赤道"思维。"赤道"有两个含义:一是"假设与推导";二是"变化之道"。

无论是企业,还是个人,无论是做什么事情,其底层是"要什么? 如何开始?"作为企业财务管理,到底要什么? 如何开始? 企业财务管理的要什么,即财务管理目标。此处目标,不是单一的,应该是一组目标集合。不同的企业,同样企业的不同发展阶段,对于一组目标中的分目标可以有所侧重。通常的财务管理目标集合是:保障战略目标实现所需资金,不浪费,提高财务资源及其管理效率。

目标一:保障战略目标实现所需资金。这一目标具体是三项工作:融资策略选择、预算管理及企业融资所需要做的相关工作。很多企业往往是临时抱佛脚,需要融资时才开始准备文件。无论是股权融资,还是债务融资,很多的基础材料是相通的,因此,企业应该准备一个通用版本的商业计划书。

目标二:不浪费。为了实现不浪费的目标,除了做好预算管理以外,还需要考虑人性的弱点,具体体现在制定和执行合规性管理制度。

目标三:提高财务资源及其管理的效率。除了做好预算管理、制定和执行合规性管理制度以外,还要做好闲置资金的理财与对外投资工作。

由于未来是难以预料的,所以在预算中需要留有余量,融资方案需要有备选预案。

我们推导的财务管理底层理论模型如图 5-3 所示。

根据图 5-3,可以进一步推导出财务管理的理论与方法体系,具体详见本书第 7 章。

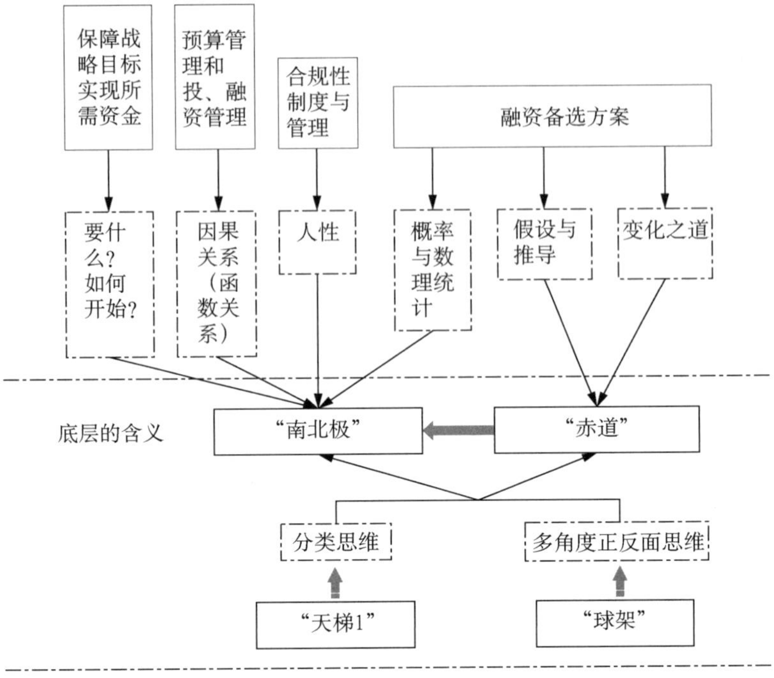

图 5-3　底层与财务管理的“底层理论”

2. 证券市场隐含的巨大功能

绝大多数创业者对证券市场都是一知半解的，究其原因是没有进行“假设与推导”。无论是创业，还是创业投资，证券市场是“天道”，行业与商业模式是“地道”，领头人与团队选择是“人道”。

正如本书第 1 章所说的，创业在本质上是投资，是创业者自己投资自己。然而是否借用证券市场，投资效果则会有天壤之别！

（1）区别之一：投资回报的放大和资本退出

如果公司 A 上市成为上市公司，假定公司利润 1.9 亿元，假定：$PE=$公司市值/公司利润$=50$，则公司市值等于 95 亿元，即股东可以出售股票而直接获得 95 亿元。

如果公司为非上市公司 B，假定公司利润 1.9 亿元，公司如果保持每年利润 1.9 亿元，要赚到 95 亿元，需要 50 年时间。

（2）区别之二：倍速发展的密码

如果上市公司 A，利润从 1.9 亿元增加到次年 2.9 亿元，假定 $PE=50$ 不变，看起来，公司利润增加 1 亿元，实际上，股东的股票市值增加了 50 亿元。

股东出售上述 50 亿股票用于体外项目投资，然后再装入上市公司，这与利润增加部分(1亿元)直接用于项目投资,二者投资能力差距50倍。

3. 企业经营管理

在全球范围内(中国在短缺经济以后时代也不例外),创业企业的存活率不超过10%,存活期为5～7年。究其原因,其一是由于多数创业者往往是理想主义者,事事都想做到完美,最终却不如人愿。阴阳五行模型,包括了“赤道”“天梯1”思想的运用。五行模型运用得当,可以使企业长期存活且得以发展。

加法和减法原则。无论是理论界还是实践界,经常讨论的一个话题是:做加法好?还是做减法好?运用阴阳五行模型就可以清楚地知道什么情况下需要做加法,什么情况下需要做减法。

基本原则如下:

(1) 企业的“阴阳五行”需要动态平衡,企业要做的事情很多,不可能同时将所有事情做到极致。不同时候做不同的事情。同样的事情,不同时候去做,广度和深度也不一样。

(2) 五行平衡好了,就能够防范相克而更好地生生不息和循环发展。

(3) 阴阳原理的应用。阳:当下需要做的事。阴:一个循环以后才能做的事。当下需要做的不能省。将来需要做的不能放在当下去做。

例如,当企业的“水”(财务)有问题时,需要在“水”本身及上“金”和下“木”方面做加法,而在“火”与“土”方面做减法。当企业的“金”(团队)有问题时,需要在“金”本身及上“土”和下“水”方面做加法,而在“木”与“火”方面做减法。

做减法,不是说不做,而是放在一个循环以后再去做。

4. 战略与战略管理

战略与战略管理包括了12智慧元素中“赤道”“天梯1”思想的运用。

1) 战略的本质和相关认识

投资的两个本质,第一是投人,第二是投未来。其实,最终的本质是投未来。投人是指所投的人能够把握未来。因此,投未来属于战略层面问题,而投人则属于战术层面问题。

企业战略的本质是把握未来,能否把握未来取决于两个行动:研究未来和应对未来。孙中山先生曾说:“世界潮流,浩浩荡荡,顺之则昌,逆之则亡。”对于企业来讲也一样,若企业的行动符合未来的趋势,就可能兴盛,反之,则可能衰亡。因此,我们可以说:一个不注重研究战略的企业,很可能被未来所抛弃。

战略,有时候也只是一种相对的概念,到底哪些工作属于战略性的?哪些工作属于战术性的?战略性工作和战术性工作往往是难以严格区分的。例如:战略思想如果没有正确的战术去执行,同样是难以把握未来的。因此,我们并不宜过多地纠结战略与战术的区分，阴阳五行模型应用于战略研究，还是恰当的。正如前述“通常人的思路总是想将每件事情都能够做极致，事实上是不可能的。企业管理也不例外。”“当企业在某方面做得很好时，可能还会起反作用，根据五行相克的原理，反而还会自己克自己。”“只有企业在不同时候，各方面工作做到相应的程度时，才会相生而不会相克。”之所以全世界范围内创业企业存活率不超过10%，究其原因，是因为阴阳五行失去平衡。运用五行模型研究战略：研究如何让企业越活越健康，越活越壮大。从此意义上讲，战略研究也不是一蹴而就的，它是一个循环过程。

从军事层面来讲，战略分为防守战略和进攻战略。从企业层面来讲，战略同样可以有生存战略与发展战略。但是，对于企业来讲，抛开生存谈发展肯定是不行的。所以，在研究战略之前，需要先进行企业诊断。

2）五行模型应用

五行模型应用于企业诊断，需要从“水”开始，因为“水”代表财，即代表企业的现金流。现金流就好像是人体的血液，人体一旦缺血，就会走向死亡。而战略则需要从“金”开始，因为“金”包含“愿景、目标和方向”。

正如前面所讲的，战略研究不是一蹴而就的，它是一种循环过程。我们可以将循环分为大循环与小循环。大循环可以考虑以4～5年为一个周期。在开始小循环之前的1～2年时间是前期探讨和准备阶段，之后就可以进入三个小循环。小循环可以考虑以一年为周期，并且从“金”开始，然后依此是“水”“木”“火”和“土”，从而完成第一个小循环。如此完成三个小循环。

（1）前期探讨和准备

具体工作包括不同目标、方向及商业模式的比较研究与试验。

（2）企业战略制定的第一个循环

① 制订愿景、目标和方向。

② 总体计划、任务时间安排。

③ 新产品开发、新业务拓展、新客户发展计划。

④ “三观”和行为准则确定。

⑤ 配合与执行落地计划。

（3）企业战略制定的第二个循环

① 根据配合与执行落地情况，制订引进人才或岗位调整或培训的计划，重新凝聚团队。

② 再次进行计划、任务时间安排。

③ 审核、分析新产品开发、新业务拓展、新客户发展计划的落实情况，并重新

调整计划。

④ 了解员工工作热情和热爱情况。

⑤ 在重新凝聚团队情况下，再次制订配合与执行落地的计划。

(4) 企业战略制定的第三个循环

① 检查销售业绩，如果销售业绩不理想，则制订引进销售人才或岗位调整或培训的计划，重新凝聚销售团队。

② 诊断和调理财务问题。

③ 审核、分析新产品开发、新业务拓展、新客户发展计划的落实情况，并重新调整计划。

④ 针对问题组织培训以提高综合解决问题的能力。

⑤ 在重新凝聚销售团队的情况下，再次制订销售配合与执行落地的计划。

3) 12 智慧元素应用

12 智慧元素中“南北极”的第一个近似含义是“要什么？如何开始?”。要什么？即五行模型应用中第一个循环“愿景、目标和方向”。接下来的问题在于如何开始?

“如何开始”的依据在于对所选行业的发展阶段进行判断。行业发展阶段大致可以分成如下几类，见表 5-5。

表 5-5　行业发展阶段分类

编号	发展阶段	主要特征
1	超前	代表未来消费趋势，但是目前还未有市场同行
2	蓄势爆发期	已有市场同行，但尝试用户不多，未有同行企业挂牌上市
3	爆发期	已有大量市场同行，用户量明显增长，已有同行企业挂牌上市
4	平稳增长期	已有行业巨头，用户量增长趋平稳，靠技术创新和品牌竞争
5	平稳期	已有行业巨头，用户量增长趋平稳，技术和品牌垄断已经形成
6	萎缩期	市场已有替代产品，或者市场需求明显萎缩，行业巨头也需要转型

“如何开始”所对应的工作内容和方法就是战术。显然，在行业不同的发展阶段，这些“战术”也是不同的。

对于“如何开始”的具体工作内容和方法，根据同行情况和企业自身特点，有三个层面和四个维度的分类分析方法。

待“如何开始”清楚以后，就可以接着制订“总体计划、任务时间安排”。而“总体计划、任务时间安排”加上“配合与执行落地计划”就属于战略管理问题。

战略管理有四个层面六个维度方法。

“新产品开发、新业务拓展、新客户发展计划”属于战略重点问题，属“木”。“三观”和行为准则确定，属“火”。

上述的分层与分类，就是“天梯1”思维。

要做好上述分层与分类的分析和制订往往是很难的，需要借助大数据和人工智能技术。

5. 团队建设

本书第4章中提出的五行模型，同样可用于企业团队建设，具体分析如下。

每个人都有自己的特长和短板，我们将企业所需要的岗位分类如下。

☰ 乾

乾代表企业董事长，主要特征：有愿力，有兴趣和主动性，有学习能力，有团队凝聚力。主要工作内容：把握企业目标和方向，凝聚核心团队。

☷ 坤

坤代表企业总经理，主要特征：懂配合，有执行落地能力。主要工作内容：能够通过各类协调使企业战略和计划执行落地。

☵ 坎

坎代表企业财务总监。主要特征：有财务预算和成本分析的能力，同时也有公关能力。主要工作内容：财务预算能力和成本分析，企业融资。

☲ 离

离代表企业人力资源总监。主要特征：热情和热爱本职工作，有综合解决问题的能力。主要工作内容：企业文化建设，对企业每个岗位的职责和任务能够做出准确描述，从而能够制订准确、有效的考核体系和奖惩制度。

☳ 震

震代表企业研发总监，主要特征：有专注力、思考和研究能力。主要工作内容：新产品开发。

☴ 巽

巽代表市场总监，主要特征：有敏锐性。主要工作内容：调研和确定新产品开发方向、新业务拓展方向、新客户发展方向。

☱
兑

兑代表营销总监，主要特征：有传播能力、结交朋友能力和销售能力。主要工作内容：企业产品/服务销售及营销管理。

☶
艮

艮代表企业实际控制人和企业总顾问，主要特征：有解决疑难问题的方法和广泛的人脉资源。主要工作内容：针对疑难问题提出解决方法，调动人脉资源关系解决企业难题。

5.3　有可能成为顶级专家的应用方法

此处所指的顶级专家，是指在工作上和事业上取得巨大成就，并不一定局限于学术方面。

有可能使人成为顶级专家的思维切入点是 12 智慧元素中的“福德入门”“天梯 2”和“球架”。

“福德入门”的含义之一是：**“若菩萨不住相布施，其福德不可思量”**（《金刚经》第四品）。比如：全球有超过 7 亿人口在免费使用微信。腾讯开发微信供大家免费使用，就是一种“不住相布施”。又如：阿里早年的淘宝网，也是免费邀请企业开网店的。百度绝大多数功能是免费的。

“天梯 2”的含义有：法布施所积累的福德远比财布施大得多（《金刚经》第八品：**“须菩提！于意云何？若人满三千大千世界七宝以用布施，是人所得福德，宁为多不？”须菩提言：“甚多，世尊！何以故？是福德即非福德性，是故如来说福德多。”“若复有人，于此经中受持，乃至四句偈等，为他人说，其福胜彼。何以故？须菩提！一切诸佛，及诸佛阿耨多罗三藐三菩提法，皆从此经出。须菩提！所谓佛法者，即非佛法。”**）。如果说腾讯、阿里和百度近似于财布施，则华为更多的是法布施，具体体现是企业文化传播和内部培训。

“球架”的含义有：多角度正、反面思维，其中包含用户思维。例如：小米的早年成就来自用户思维。

1. 提升核心竞争力的智慧元素

“天梯 3”的含义是：简则易从（《易经·系辞上传》云：**“乾以易知，坤以简能。易则易知，简则易从。易知则有亲，易从则有功。有亲则可久；有功则可大。可久则贤人之德，可大则贤人之业。易简而天下之理得矣。天下之理得，而成位乎其中矣。”**）例如：20 世纪 90 年代的打字排版软件有北大方正、金山和 word。由于北大方正软件很复杂，想要学会如何使用它通常需要集中学习或者培训 1 周以上，所以，它的市场占有率逐渐下降。而 word 升级为视窗形式以后，操作变得很简单，用户不用学习也能使用，所以，它的市场占有率迅速提高。后来金山软件也改为视窗形式，并逐渐重新赢得用户。

2. 不可或缺的智慧元素

成为顶级专家不可或缺的智慧元素有："上进心""配合心""放下之心""无实无虚之心"。

"上进心"其实是一个比喻，更贴切的却是《周易》"乾卦"彖传中的描述：**"大哉乾元，万物资始，乃统天。"**对此 11 个字的任何解释都是乏力的。另一个贴切描述是《周易》"乾卦"象曰：**"天行健，君子以自强不息。"**

显然，成为顶级专家的前提是具备开创天地万物和自强不息的精神。

从人力资源管理的角度来看。由前面的分析可知，能否充分发挥企业员工的作用，关键在于五行属性的匹配，即个人特质与工作岗位的五行属性的匹配。而要做好五行属性的匹配，对于有成千上万员工的企业来说，仅靠人力资源管理部门是难以实现的，需要借助大数据和人工智能技术。

从市场分析与营销管理的角度来看，服务于几千万人的客户，仅靠市场部和营销部也是无法胜任的，同样需要借助大数据和人工智能技术。

再从巨大回报的可能投资来看。希望投资成功取得百倍、千倍和万倍回报的人，与只希望有几倍回报的人，其上进心是不一样的。因此，二者对创业领头人、商业模式及行业的关注焦点也是不同的。前者会与具有巨大愿力的创业领头人产生共鸣，自然会敢于早期投资此类项目，而后者则不能。就如孙正义早期投资马云，而其他投资机构却做不到一样。

3. "上进心"与成功

成功与不成功或者说可能是"1"与"0"的关系。"成与不成"往往是一种"域值"关系。换句话说，多那么一点愿力，就"成"了，而少那么一点愿力，就"不成"（图 5-4）。

图 5-4 "成与不成"和愿力的关系

4. 愿力的本质

经典物理学认为客观物体一定要有一个确定的空间位置，这种存在是不以人的意志为转移的，是客观的。但是，量子力学在无数实验基础上得出的结论是：在微观世界中，微观粒子没有一个确定的空间位置，它的状态只能用波函数描述，而这种波函数描述是一种概率描述。也就是说，微观粒子 P 可能在 A 点位置，可能在 B 点位置，也可能在 N 点位置，它在什么位置的可能性服从一种波函数所描述的概率。当人们去测量上述微观粒子位置的时候，其位置就确定了，这种现象称为“坍缩”。也就是说，意识不能被排除在客观世界之外。

同样，被投资企业未来能够做成什么样是有无限可能的，当创业领头人和主投资人的愿力发生共振且强大到一定程度以后，就会产生“坍缩”，也就是说，会定格于成功。

5. 愿力与能量

此处讲的能量是广义的，可以近似理解为能量。《道德经》第五章云：“**天地不仁，以万物为刍狗。圣人不仁，以百姓为刍狗**。”如何理解呢？

圣人与百姓就如天地与万物，二者之间能量差别太大了。这种差别就如人与蚂蚁，人是不会去关心蚂蚁的，因为能量差别太大了。圣人与百姓之间能量差别也太大了，所以圣人不会关心具体某个老百姓，正如人不会关心具体某个蚂蚁一样。所以，圣人不仁，以百姓为刍狗。

反过来，刍狗看圣人，也是无法理解的，同样因为两者之间能量差别太大了。马云成功以后，大家都能够理解了，风险投资机构也理解了，但是，马云创业早期，很多风险投资机构当时无法理解马云，就如刍狗看圣人，是无法理解的。

物体低速运动时，牛顿力学原理是适用的，当物体运动速度达到与光速在一个数量级时，牛顿力学就是谬论，此时就需要用相对论的理论了。

因此，本书的适用对象是有愿力、有能量和有智慧的人，通常人是难以完全理解的。正如《金刚经》云：“**须菩提白佛言：‘世尊！颇有众生，得闻如是言说章句，生实信不？’佛告须菩提：‘莫作是说。如来灭后，后五百岁，有持戒修福者，于此章句能生信心，以此为实，当知是人不于一佛二佛三四五佛而种善根，已于无量千万佛所种诸善根，闻是章句，乃至一念生净信者，……’**”大意是：听得懂《金刚经》的人，不是只跟一个佛、两个佛，甚至三、四、五个佛学过佛法的人，而是已经跟无数的佛学过佛法的人。

6. 愿力的识别

识别愿力的大小不是一件容易的事。同时,愿力的大小也是难以衡量的。从概率的角度来说,一个人在其一切顺利的时候,是难以看出其愿力大小的,而在其遇到挫折和失败时,就容易看出其是否具有真正的愿力了。“不忘初衷,方得始终”,经过多次失败,还是能够不忘初衷者,显然是具有真正愿力的。进一步讲,经受的挫折和失败越大,则越能够考验一个人愿力的大小。

具备此类上进心的人,通常会忽视“配合心”。“配合心”其实也是一种近似比喻,更贴切的却是《周易》“坤卦”象传中的描述:“**至哉坤元,万物资生,乃顺承天**。”“坤卦”的描述包括配合和执行落地。

通常人的上进心往往是带限制条件的,即怕失败。一旦带了此限制条件,其实就失去上进心了。因此,不怕失败的“放下之心”,同样是不可或缺的。

人的进步或者成就无止境,能够成为顶级专家的人,前提是认为自己并非已经成为顶级专家,所以,他才有动力不断进步,从而成为顶级专家。具备此心的人,我们喻为拥有“无实无虚之心”。成为顶级专家,上面所讲的四个“心”是不可缺少的,另外5个元素也是不可缺少的。比如创新的本质是前提假设的改变,即“赤道”思维的运用。

7. 圣人提出的一个商业模型

《道德经》第四章云:“**道冲而用之,或不盈。渊兮似万物之宗。挫其锐,解其纷,和其光,同其尘,湛兮似或存。吾不知谁之子,象帝之先。**”

非常道和常道,非常名和常名,无和有,无欲和有欲等,均可以理解为对立的一阴一阳。而且阴和阳是相对概念还不止这些。《道德经》第四章就是讲**冲**和**不盈**、**渊**和**非渊**、**锐**和**非锐**、**纷**和**非纷**、**光**和**非光**、**尘**与**非尘**、**存**和**非存**,都是与阴和阳同样的相对概念。

《道德经》第四章讲了一个原则,或者说模型。它可以应用于治理国家,或者企业,或者一个人的修炼方面。

“道冲而用之,或不盈”中的“道”可以理解为一种“能量”,“冲”可以近似理解为“持续不断”,“不盈”可以理解为后续补充的“能量”永远装不满。

“渊兮似万物之宗”比喻盛装这种“能量”的器皿就如无底的深渊。比喻盛装这种“能量”的器皿是“万物之宗”。

应用于治理国家,可这样理解:有无限的资源持续不断地充实到国库,无论如何持续使用这些资源,也是用之不竭的。

应用于治理企业,有这样一个商业模型,有无限的财富持续不断地充实到企业账户,无论如何持续使用这些财富,也是耗之不尽的。

“**挫其锐，解其纷，和其光，同其尘，湛兮似或存**”可以应用于治理国家，有这样一个效果：①对外，无论遇到什么样的敌人，都可以挫其锋锐。②对于盟友，或者对内，则可以同甘共苦。

当然，上述模型，也可以应用于个人修炼。通常人从学校毕业步入工作岗位以后，随着年龄增长，往往学习新知识和技能的动力变小了，逐渐吃老本了。如果某人不断学习，更新知识和提高技能，做到与时俱进，不仅不会被时代所淘汰，而且总能引领时代潮流，可以说应该是行业顶尖的人物。就如老子所言，是“象帝之先”。

第 6 章
企业战略的“底层理论”与应用方法

6.1 战略历程与学术流派

1. 公司战略的早期探索

泰勒、法约尔和马斯洛为西方战略的发展奠定了基础，其中泰勒提供了量化的方法体系，法约尔传播了管理作为体系的理念，而马斯洛则为战略的终极发展提供了理论基础，但他们都不是战略腾飞的点火者。

战略作为一种手段进入产业界的视野要拜历史学家艾尔弗雷德·钱德勒所赐。他在 1962 年出版的经典著作《战略与结构》中以通用电气等工业巨头为研究案例，揭示了战略与组织结构相互作用的过程。

“战略可以被定义成一种长期目标和企业的客观目的，以及为实现这个目标需要整合的资源和采取的行动。”[1]

上述定义激起了产业界与学术界的探讨，战略和结构的关系引申出战略与组织的雏形，可以系统地构建出一套战略成功的假说与战略实施的体系。

如果说艾尔弗雷德·钱德勒打开了战略论战的大门，那伊戈尔·安索夫则是战略领域第一位大师。作为数学博士的伊戈尔·安索夫早年曾在大型企业从事规划业务，后执教于卡内基梅隆大学，集产业界的经验与学术界的理论于一身，是公认的战略规划学派的鼻祖[2]，生平写过两本专著《公司战略》与《战略管理》。伊戈尔·安索夫首次提出：“战略的目的是使公司的能力与其环境中的机会匹配。”[3]。在他 1965 年出版的《公司战略》中，以一个战略规划情景为案例，详细罗列了 57 个制定规划时需要考虑的目标和因素。说起安索夫矩阵，无人不知、无人不晓，实际上后来各领风骚的两大战略学派——战略定位学派和竞争能力学派，它们的理论都可以看作伊戈尔·安索夫理论的延伸与发展，其影响可见一斑。

布鲁斯·亨德森是那个时代的传奇人物，其创办的波士顿咨询在战略界的地位举足轻重，发明的“经验曲线”理论、“时基竞争”理论和“增长份额”理论直到今天依然影响着众多企业的战略规划。

“经验曲线”概念的提出对于开启战略革命起到了至关重要的作用，也在那个时代深刻地改变了企业的意识，完全改变了企业思考成本的方式，这一今天人尽皆知的规律震撼了当时战略家的大脑。也就是说，市场份额最高的企业，不仅销售产品的数量远超竞争对手，而且也积累了最多的经验，经验越多，企业从驱动经验曲线的各项元素中获益也越大，在任何一个行业中，市场份额最大的企业，成本也最低。但经验曲线也存在不少局限，即在市场需求迅速增长的行业，经验曲线效果最好，而在成熟稳定的行业，则不一定相符。

增长矩阵靠一个图和概念性的设计，波士顿咨询就成功地将对战略至关重要的三个元素放在一起，这三个元素是 3C(成本、客户和竞争对手)。公司业务的市场份额作为衡量公司竞争地位的重要指标蕴含着很多信息，比如业务是否在经验曲线上，成本应该是多少，而市场增长率则透露了很多客户有关的信息，“四格矩阵就是二元多项式的一种表达方式，它可以描绘各种各样变量之间的关系”。在过去三十年的实践中，波士顿矩阵业务组合的框架帮助企业通过解读行业逻辑和评估企业自身的竞争地位，获得了更好的战略认知。

但波士顿矩阵的缺陷也是非常明显的，即逻辑过于简单化，而且市场份额并不总是和低成本、高利润和竞争优势相关，更为重要的是，它割裂了各业务之间的协同，“考虑自身业务关联与竞争对手的业务关联总阵势的对抗”[4]。

增长份额矩阵的出发点是寻找业务组合利润率、成长性和现金流等指标的平衡，这种逻辑强调的是将集团公司作为内部资本市场的完整体，这在外部资本市场体系薄弱，作用单一的时代尚且可以，而在今天已远远不能适应，因为明星业务面对的是资本的过量供给，企业根本无须考虑内部现金流的限制。

更为重要的是，增长份额矩阵不能替代企业家的战略思考，因其不能提供足够高度的市场洞见，企业家的战略核心是确定企业的整体战场，增长份额矩阵仅仅是现有业务组合的一个分析，其强大而自洽的内在逻辑，阻碍的是战略家的思考。

2. 波特的五力模型

1980 年出版的《竞争战略》将迈克尔·波特推到了战略管理的最前沿，该书第一章第一句即为“竞争战略形成的核心在于将公司及其所处的环境紧密联系起来”，而“核心因素”是企业所在行业以及这个行业的结构。该书最为大众熟知的是五力模型(Five-forces Framework)。波特独创性地将经济学世界和商业实践结合在一起。“五力模型是一个可以用来评价持续运行体系的工具，产业、技术、购买者议价能力以及其他外力都在这五力之中起作用，在任何时候，企业都可以采用这个框架去解释产业盈利的能力。”

波特的竞争战略就是不竞争，意在选择竞争尽可能小的行业，或者通过独特的定位来避免同行业的竞争，最终获得收益，从而保证持续性的竞争优势。实施竞争战略的目的是取得持续性竞争优势，然而根据 Wiggins 和 Ruefli 对美国 6 772家企业投资回报率(Return on Investment, ROI)的研究，竞争优势很难长期维系(2%～5%)，且持续性竞争优势的时间段正在缩短。企业成功的关键在于重新夺回竞争优势，并创造一连串的暂时性竞争优势。

西方学术界经过一番论战，“动态竞争”理论随之被提出，这是对波特竞争战略的发展，波特的竞争理论是“防守策略”，独特定位和差异化的目的都是“不竞争”，而动态竞争则是“进攻策略”，新产品、商业模式的优化和渠道整合等小策略的改进都是为了在短期内取得竞争优势。

3. 定位学派与资源学派

定位学派与资源学派的论战可谓 20 世纪战略管理领域的一大看点，这种论战因迈克尔·波特 1996 年的文章《什么是战略》推向了高潮，双方你来我往，好不热闹。

迈克尔·波特产业定位其实包含两层含义：第一层是企业应该选择更有吸引力的产业；第二层是企业应该选择更有利可图的细分市场。前者侧重纵向，后者侧重横向。至于如何判断“吸引力”和“有利可图”，自然是应用五力分析这个工具了。

定位学派的观点可以用内部和外部两个一致性来总结。外部一致性是指企业的市场定位与产业环境之间要契合，内部一致性是指不同的价值链活动相互依赖，精密耦合，相互增强，形成一个密不可分的整体，万不能有相互冲突的地方。如果做到这样的体系，竞争对手在“点”上可以模仿，但在系统上想要复制几乎是不可能的，因为点与点之间的连接与整合存在大量的默会知识和因果模糊性。

与定位学派相比，资源学派的学说逻辑很简单：企业的差异化源于资源的差异化，企业的不可模仿性源于资源的不可模仿性。企业战略的重点是识别核心资源，而战略的关键任务就是提升利用已有的核心资源的能力，进一步培育新的核心资源。多元化扩张体现的是资源的整合能力，而非竞争优势。因此，资源学派多用来解释公司层面的成功，而定位学派主要用来解释企业业务层面的成功。

理论只有发展出一套落地的工具，才能被产业界所接受和实践。而这正是资源学派所缺乏的，VRIO 模型(Value, Rarity, Inimitability, Organization)没有清晰的评价工具，事后评估容易，事前决策则价值不大。

定位学派和资源学派的论战说到底依旧是西方世界“一神论”和“绝对真理”文化传统的延续，其实二者完全可以灵活应用。因此，明茨伯格认为：一切依据实际情况，当外部环境较重要时，就使用定位学派理论，当内部资源较重要时则使用资源学派理论。”[5]

4. 明茨伯格的战略“大一统”理论

明茨伯格在《战略历程》一书中细数战略各流派，并将其按照学说的底层学科理论归结为十大流派，从而在形式上完成了对战略各分支的整合与统一，如表 6-1 所列。

表 6-1　明茨伯格总结的十大流派

学派	核心思想
结构学派	将组织视为一种结构，融合了各种特征和行为的紧凑聚合体，同时整合了其他学派的观点，即每个结构实际上有其自身的位置
设计学派	将战略的制定视为内部的优势和劣势与外部的威胁和机会之间取得的匹配
计划学派	战略的制定过程不仅需要深思熟虑，还应该要规范化，可以分解为明确的步骤，可以用审查清单的形式来描述战略，并利用各种技术，特别是目标、预算、程序和操作计划等辅助手段
定位学派	仔细分析行业情景并筛选后，战略可以简化为通用的定位，因此规划人员就变成了分析人员，包括集团战略、五力模型、价值链分析、博弈论，均倚重数据分析
创业学派	强调领导在战略制定过程中的重要性，战略的制定依靠领导的直觉
认知学派	人的认知过程构建了战略，认知不仅是客观反映现实的过程，而且是一种主观解释世界的过程
学习学派	战略具有紧急应变性，可存在于整个组织中，战略制定与战略实施交相辉映
权力学派	微观层面不同权力的角色互相协商、劝说和对抗，宏观层面关注组织权力的应用，利用权力来为自身争取利益
文化学派	战略制定是植根于文化，受社会文化驱动力影响的过程
环境学派	依据特定环境与组织反应之间的关系

明茨伯格认为，战略形成的过程可能是企业判断设计、企业家直觉愿景与企业组织应变学习的协同结果，它关乎变革和持续发展。它必须“包含个体认知和社会互动，既有合作，又有冲突，它必须事先分析、事中协商和事后归纳”[2]。战略形

成过程实质是某一阶段匹配某种学派理论的过程，比如初创企业适合创业学派，成熟企业在变革期适合创业学派，而在外部环境动态时更适合学习学派等。

明茨伯格研究的要点在于战略形成的过程，而非战略本身的定义，无须回答战略究竟是什么，明茨伯格使用“战略过程”来替代和综合各种战略理论[6]。

5. 人本主义

笛卡尔和牛顿建立起了现代西方社会的科学观与方法论，泰勒主义正是其在管理学领域的一种延伸。泰勒主义初始的研究定位在人与工具，之后慢慢开始渗透到企业的运营和业务流程优化，而后是对计算和量化的应用与提升，归根结底体现的都是对效率的不懈追求。这套方法论与演化史在战略管理领域体现得淋漓尽致。

早期的战略理论大多是由工程师和科学家开发的，他们总想建立一种理性、结构化的方法，这与其工程学科背景不无关系。“古典物理学的精髓在于事物的分割，以及分割开的各组成部分之间又是怎么相互关联的。”人们认识整体的程度取决于对分割后部分的认识，各种先进的科学度量工具和预测方法的目的都在于通过部分认识整体。

但事与愿违，越来越动态和复杂的环境打破了增长可预测的假设，指数级增长的频现对线性思维提出了挑战，大数据所体现出的相关性取代了简单的因果推理，因此对部分再深刻的认识也没法代替对整体的认知。

而与自然界其他事物相比，企业这个复杂的系统因人的存在体现了更复杂的一面，企业内的亚文化团体，人的意图、情怀、喜怒哀乐，情感和非理性等无时无刻不在影响着企业的生存与发展，这些与人相关的因素显然无法通过机械的、可分解的模式去理解和分析。

西方战略学理论在进化过程中也曾注意到这种局限，战略管理中“人本主义”的登场即是对这种局限的回应，这种回应因彼得斯的《追求卓越》一书的热卖而被众人所知。但与众人所期望的不同，“人本主义”就像一块小石头激起的湖面上的涟漪，随之而来的则是彼得斯本人的转行和“人本主义”研究的没落，正如贝恩公司创始人威廉·贝恩所评价的那样，人本主义只是一种理念，没有工具，没有量化，注定不为他人所容。

6.2　底层及企业战略的底层理论

1. 战略的定义及意义

关于战略的定义和概念有很多。本书 1.2 节说，投资的第一项“两个本质”：

第一是投人，第二是投未来。创业的本质也是一种投资，创业者相信自己，所以投自己。另外，创业企业用人，就是投创业者相信的人。从这个意义上讲，我们对战略的定义是：战略，就是关注未来及如何拥抱未来所涉及的人的谋划。无论企业规模大小，无论企业处于怎样的发展阶段，企业领头人如果不关注未来，那么企业就有可能被未来所抛弃。同样，如果不关注人（股东、团队及员工、客户、供应商等），企业就有可能被人所抛弃。

2. 底层理论的推导

战略理论可以有很多，本书2.6节及第4章和第5章从底层的“存在”，推导出关于战略的底层理论。

无论是企业还是个人，按照本书2.6节，其底层是“要什么？如何开始？”作为企业，即方向与目标。目标是“果”，即函数的因变量，为实现目标而采取的所有行动是因，即函数的自变量。在所有自变量中，人是最关键的自变量。能否实现目标永远只是概率事件，而不能做到百分之百。“企业是否成功，永远是一种概率。”研究企业战略与研究企业如何成功是相似的。

战略选择，就是在企业家“要什么”的前提下的一种（或者一组）选择。

战略规划，就是在战略选择之后，为了实现目标而确定的所有任务集合。这些任务，我们称之为战略任务。一个严密的战略规划是综合考虑战略任务所需要的资源，以及在某个资源不足时的替代方案。为了实现战略任务所需要的资源，我们称之为战略资源。

战略管理，所有的战略任务都需要有人去负责完成的，所以，战略管理的核心就是对人的管理。完成战略任务所不可或缺的人才，我们称之为战略人才。

战略评估，就是能否实现目标永远只是概率事件，而不能做到百分之百。“企业是否成功，永远是一种概率。”所以，战略评估就是对所有可能的战略进行选择，分别进行评估和比较。

战略依据，战略选择可以有很多，为什么选择这一组集合，而不选择另外一组集合？这就需要依据。这种依据具体体现在战略任务的可行性，即体现在战略规划的可行性上，这种依据就是战略依据。

通常人往往有误区：将战略依据运用于前面的战略选择、战略规划和战略评估以后，就不再进行战略依据的反思和再评估了。其实，客观环境和条件是变化的，之前的战略选择是根据当时情况下的战略依据做出的推导结果。如果战略依据发生了变化，则需要重新进行推导，此时所得出的结果可能与先前的结果有很大的差异。

战略步骤，就是引入时间变量，在确定战略选择下的战略任务以后，实现各类任务的时间表，以及根据不同任务完成情况下的应对措施。

上述战略六要素，可以用图 6-1 表示。

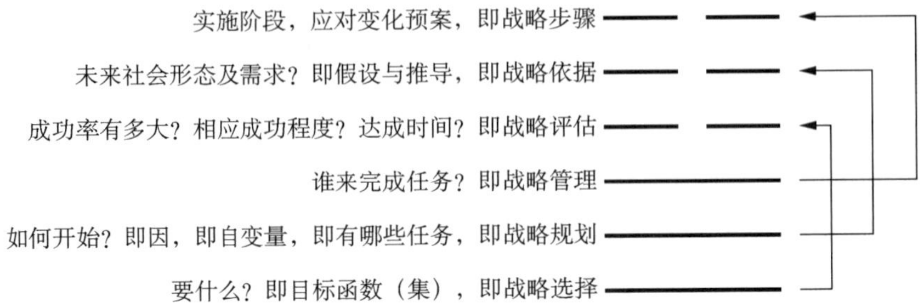

图 6-1 战略六要素及其关系

根据上述推导，我们就有如图 6-2 所示的企业战略底层理论模型。

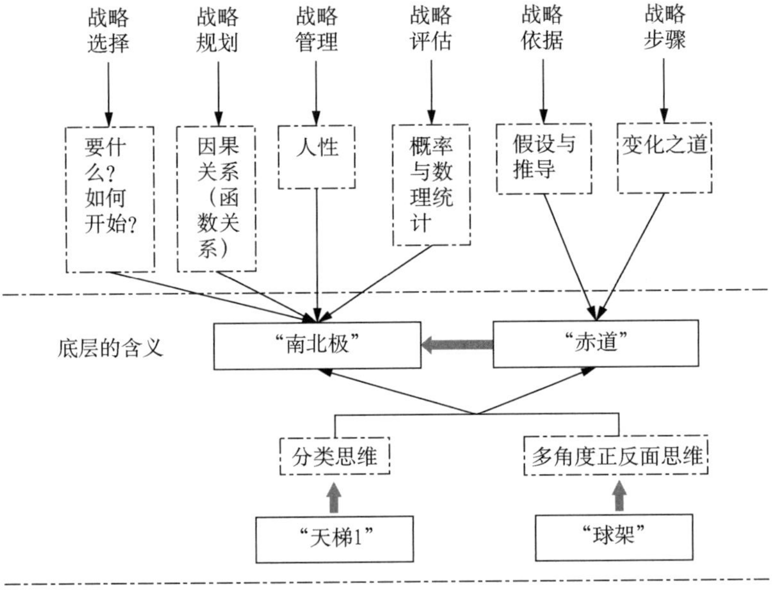

图 6-2 底层与战略的“底层理论”

6.3 底层、底层理论、战略选择与战略评估

1. 底层一：“南北极”+“天梯 1”

《易经·系辞上传》云：**“天尊地卑，乾坤定也。”**无论是企业还是个人，一旦确

定了“要什么？如何开始”，就基本上确定了其前途。天尊，可以比喻为要什么。地卑，可以比喻为如何开始。乾坤定也，可以比喻为基本定局了，即“南北极”。

“要什么？如何开始？”又可喻为企业的“遗传基因”。大象的遗传基因让它只能长成大象，老鼠的遗传基因也只能长成老鼠。

一个企业往往可以有多种战略选择，在战略选择的过程中，分类思维是不可少的，即“天梯1”。战略选择＝{选择1，选择2，……，选择n}。不同的战略选择后果的差别主要体现在如下四个方面：①成功的概率；②成功的程度；③达成目标的时间长短；④成功或者失败所带来的后果。

上述四要素，往往有相互矛盾的地方，选择其中不同要素的权重和组合，取决于领头人的偏好。近似地讲，有24种组合，其中有以下四种极端情况，见表6-2。

表6-2 几种极端情况的战略选择后果

选择	成功的概率	成功的程度	达成目标的时间长短	失败所带来的后果
选择1	最大	最低	最短	最轻
选择2	最小	最大	最长	最严重
选择3	最大	最大	最长	最严重
选择4	最大	最大	最长	最轻

所谓成功的程度，近似可以用最终实现收益作为判断标准。例如：成功的程度最低近似指实现期望收益在千万元量级，成功的程度最高近似指实现期望收益在万亿元量级。

所谓失败所带来的后果，近似可以用最终对企业存活所带来的影响作为判断标准。例如：失败所带来的后果最轻，即使失败，企业也还能够生存。失败所带来的后果最严重，如果失败，企业将面临破产（如为了实现战略目标，企业高负债经营）。

十全十美的战略（如成功的概率最大、成功的程度最大、达成目标的时间最短、失败所带来的后果最轻）往往是难以寻找得到的。但是，这也是我们战略研究所追求的（例如表6-2中的选择4）。战略评估，就是对不同选择下进行四要素的比较和权衡。

在战略选择集合中的选择1、选择2等（表6-2），并非单指标的选择。

2. 底层二：“上进心”＋“放下之心”

表6-2中的选择1和选择2是两类截然不同的选择。创业者做出何种选

择，与本“战略底层理论”本身无关，而与底层有关，即与创业者的“上进心”和“放下之心”有关。

3. 底层三：“天梯 3”与战略选择

如果创业者选了表 6-2 中的选择 2、选择 3 或者选择 4，底层三就是“天梯 3”，具体讲就是：最终目的是方便用户。

6.4 底层、底层理论、战略规划与战略依据

1. “赤道”与战略规划

战略规划就是在战略选择之后，为了实现目标而确定的所有任务集合。但是，不同企业在不同发展阶段，其战略任务可能都不一样。为什么全世界范围内（中国在短缺经济以后时代也不例外），创业企业的成功率不超过 1%，企业的存活率不超过 10%？究其原因，其中之一是任务分类不清楚，并且往往会严重遗漏不可或缺的任务。

对于不同企业而言，在不同的发展阶段，确定战略任务的依据是什么？此问题是传统战略理论所无法解答的。

底层是“赤道”，此处是指假设与推导。任何企业，在任何阶段，所有的任务都可以按照五行模型进行假设与推导，具体假设如下：①土：架构与流程建设的任务；②金：团队凝聚和销售的任务；③水：各类计划调度的任务；④木：新产品开发的任务；⑤火：企业文化建设、导师队伍建设与风控的任务。

其中，新产品开发的任务需要根据未来的社会形态及需求进行假设与推导，此即战略依据之一。

上述假设就构成了我们的“战略规划底层理论”。针对不同企业和不同发展阶段，均可进一步推导且展开应用。

2. “球架”思维与战略依据

1）个人与组织的自我认知

作为企业领头人，个人的自我认知主要有：我的企业？还是企业中的我是谁？

作为企业组织的自我认知有：我们要什么？我们有什么？我们缺什么？

2）在哪里竞争？

工业时代西方战略管理学界形成了系统的细分市场的理论与模型，这些理论聚焦于解决企业“在哪里竞争”的问题。这些理论和模型随着外企进入中国市

场，加之商学院的引入逐步为国内企业所熟悉。“在哪里竞争？”的实质是企业对战略机会点或市场的选择，宏观上涉及 PEST，Five-forces Framework，Value Chain，Ansolf Matrix，SWOT 等模型，落地操作上包含需求分析、客户画像、分销渠道、竞争态势、竞争趋势与客户价值主张等诸多内容，相辅相成，企业根据自身的能力取长补短，完美地融合在一起，最终完成竞争市场的选择。

市场细分理论和模型对中国企业的发展大有裨益，值得所有企业借鉴和应用，同时也完美地展现了西方管理科学逻辑性和科学性的一面，但其背后的理论假说与目前社会发展现状有越来越多不符之处，主要体现在以下几方面。

(1) 在目前的互联网时代，跨界“打劫”越来越成为可能，也逐渐变成现实。例如：原来是出租车企业之间的竞争，而互联网企业跨界而来，几乎实现了“统吃”。

(2) 在目前的互联网时代，竞争不再局限于区域性，而是越来越全球化。之前可以说“强龙难压地头蛇”，但目前，越来越多的则是“强龙出世，地头蛇纷纷折服”。例如：强大的网店类企业出世，不少线下店纷纷转型。

(3) 在技术迭代越来越快的时代，很多行业和企业如果跟不上技术前进的步伐就无法生存。例如：数码技术的发展使得做传统照相机和胶卷业务的行业“巨人”柯达公司最终没有活路。

综上所述，市场细分理论和模型，在互联网跨界“打劫”时代显得如此软弱无力。正如本书 2.6 节所讲，底层之一是“南北极”，其含义包括：“用户要什么？”“因果关系（函数关系）”“人性”“概率与数理统计”；底层之二是“赤道”，其含义包括：“假设与推导”“变化之道”。不同企业需要根据自己底层的“存在”来研究并确定在哪里竞争的问题。

3）如何取胜

如何取胜，就是在战略选择组合下的战略规划问题。战略规划的目的就是提高胜率。战略规划的基础则是建立在认识“我是谁”的基础上。

例如，竞争和竞争意识已经深入企业的骨髓，但我们应该认识到，竞争只是企业制胜的一种手段，合作也理应成为企业战略的一个选项。

“善于竞争的人是战士，长于合作的人才是将军。”合作还是竞争？这是初创公司面对的首要问题。

如果选择合作，借助业内头部企业的供应链和渠道资源，初创企业可以尽早步入增长快车道。大多数情况下，初创企业都因掌握某项独特的技术或专利而成为头部企业供应链上的一个节点。因而，研发能力成为初创企业最核心的能力，战略的重点在于持续不断地提升这种能力，同时需要在文化和价值观上打造一个拥有良好创新氛围、鼓励尝试、崇尚科学的高效组织。有所得必有所失，在这种模式下，初创企业议价能力会受限，增长的天花板明显。鉴于此，初创企业还可以采纳整合性的合作，设计全新的价值链，通过打造闭环、控制最关键要素来保障自身的地位，我们所熟知的商业平台即为此种模式的代表。

如果选择竞争，初创公司将在面对激烈围堵的情况下自建价值链，其成功很大程度上取决于公司战略与环境的匹配度，拥有重大创新的初创企业具备重塑环境的能力，就像共享汽车行业的"滴滴"那样。在这种模式下，首要目标是尽可能快地发展一个利基市场，利基市场的挖掘有赖于企业家对客户未满足需求的挖掘，但此路九死一生，结果未期。

通常情况下，如果企业可以维持运营，说明其已经具备了某种竞争优势，可能这种优势不太显著而不为企业家所察觉。那么，企业接下来的战略重点则是打造"有意义的差异化"[7]，进而建立自身的护城河。

差异化的关键在于不墨守行业规范，因为这些规范本质上是基于客户所感知的当前竞争产品的属性所产生的。当初创企业理解当前行业整体规范后，通过创造新的产品属件就能创造全新的分类，吸引那些对当前产品不太满意的用户，在没有竞争的新市场创造需求。

6.5 底层、底层理论、战略管理与战略步骤

所有的战略任务都需要有人去负责完成，所以战略管理的核心就是对人的管理。

1. "天梯1""五行模型"与战略管理

为了提高企业战略目标实现的概率，知人善任是充分条件。那么，对于不同的人，在不同阶段，确定其特征和特长的依据是什么？此问题是传统战略理论无法解答的，我们的底层、底层理论，则可以提供解答思路。"天梯1"的概念，在本书第2章中已经描述。任何人，在任何阶段，其特征和特长都可以按照五行模型进行分类。

土：代表地球本身。引申比喻人的特征和特长有：①善于配合的人；②善于执行落地的人；③谨言慎行的人；④能够坚持的人；⑤有社会关系与靠山的人；⑥有良好口碑和正直的人。

金：坚固、凝固的意思。引申比喻人的特征和特长有：①有兴趣和主动性的人；②有学习能力的人；③有传播能力的人；④善于结交朋友的人；⑤有销售能力的人；⑥有团队凝聚力的人；⑦有愿力和明确目标和方向的人。

水：具有循环和周流的意思。引申比喻人的特征和特长有：①有计划、任务时间安排能力的人；②善于理财的人。

木：代表生的功能和根源。引申比喻人的特征和特长有：①专注力、思考和研究能力很强的人；②新产品开发、新业务拓展、新客户发展能力很强的人；③公关能力和敏锐性很强的人。

火：代表热能。引申比喻人的特征和特长有：①精力特别充沛的人；②特别热爱某项工作的人；③有明确“三观”和行为准则的人；④综合解决问题能力很强的人；⑤有风险意识和防范风险能力的人。

2.“天梯 2”“上进心”“配合心”与战略管理

“天梯 2”和“上进心”的概念在前述章节中已经描述过了，为了提高企业战略目标实现的概率，充分理解精神力量是必要的，这种精神的力量就是底层。

战略规划的关键是组织对战略的理解能力。组织真实想要的、向下宣贯传达的和基层员工最终获取的意图与信息将会千差万别。换句话说，如何确保信息不发生扭曲或歪解是战略管理需要面对的首要问题。

1）物理学中的“场”

“场”是一个物理学概念，是一种实际存在的、非物质的力量，这种力量影响着空间里的各种粒子。我们平时所说的磁场，正是其中的代表，其实人的“精神气场”也是。所谓“空间非空”，即是这个意思。

物理学中用“场论”来研究与“场”相关的各种物质和关系，这些研究结果告诉我们要将注意力从“小的、不关联的、可见的结构体”转向“以关系为介质的无形世界”。

一切战略原则都源自宇宙普世法则，科学的原理一定可以作为战略原理，商业战略也不是用语言包装出来的，有时候甚至不是人可以感知到的，但一定是符合科学的。

企业的愿景和价值观的作用就像“场”一样，是一种不可见但真实存在的力量，它对人们的行为产生了异常巨大的影响。企业家要认识到，建立企业的愿景实质是在创造力量，而不仅是构建一个远期的、可望而不可即的目标。从“场”的角度来讲，企业员工需要体现出高度的一致性，这种一致性既体现在传达和获取信息的一致性上，又体现在行为的一致性上。因此，愿景必须渗透到企业的各个角落，以达到影响所有员工的目的。

信息在前，行为在后。那么企业如何贯彻信息的一致性？这取决于清晰的目标、真实的意图和企业家海纳百川的胸怀。企业家要时刻谨记，言行不一的影响是巨大的，这会导致员工思想上的混乱和情感上的隔阂。大多存在内耗的企业都因言行不一而起。

2）量子物理学和精神的概念

量子力学、混沌理论、奇异吸引子、分形和自相似等，这些颠覆了我们既有认知的物理学理论看似距离我们的生活和工作很遥远，实质却是这个物质世界最本源的反映。企业家不同于常人的地方在于认知，认知有高低之分，企业家的认知决定了企业发展的层次。企业家需要做的是抛却成见和经验，放下自我，重新认识这个世界，并将这些理论付诸企业实践。

物理学的理论颇为抽象，直接应用于企业管理确实要费点周折，但意图"穷天人之际"的古代先哲们早已参透了其中的奥秘，《易经》和《道德经》中的很多论述充满思辨，透着智慧，而且高度契合现代物理学的这些理论，令我们颇感神奇的同时，亦心存敬畏。正如前文所述，战略的落地需要组织内部环境和组织能力的匹配，我们通常将这种组织内部环境等同于以价值观为先导的企业文化体系，实际上这并不完全准确，我们无意于在此深入探讨企业文化的相关应用，但有一点是非常肯定的，那就是企业文化的建设是一项极其耗时耗力、不容易掌控、不容易评估的活动。借助于现代物理学和12智慧元素的理论（图6-3），我们会发现，只需建立为数不多的几个简单原则，企业就能搭建一套动态的、适用于既定战略实施的内部环境及其进化成的组织能力。

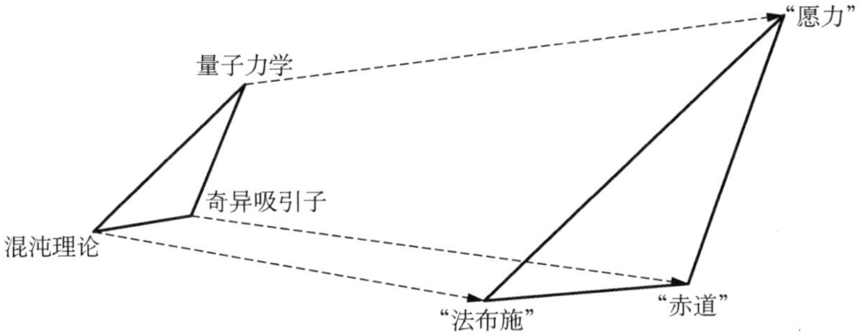

图6-3 现代物理学与"12智慧元素"

量子力学中"波粒二象性"的研究成果已为众人所知。在量子世界里你看到什么结果就是什么，事实会趋向预测的行为或者概率会显著提高。这种对事物本源的认知理应改变企业家或高级管理者对现实世界的看法，即事物之间存在依靠彼此的关系，所有事物都存在不确定性和不可度量性。

企业家需要重新搭建关于社会关系、事物联系和预测与控制的知识体系。不同的环境和人将使个人的特性不一样，不同的企业文化和员工关系将塑造截然不同的个体。人是某种关系下的产物，不同的关系，自然就有不同的人。

企业应该减少在精密复杂的计划和时间进程控制上的投入，转而投入更多资源以提升战略思考的能力，尤其是洞察企业内正在变化的事物的能力。然后明确目标，提升全体愿力，尊重个体，建立联系，提高员工参与度，想方设法提高员工的倾听能力和沟通能力。只有企业全体员工一起发心，一起参与，这种战略适应性的环境才能建立起来。

混沌意味着混乱，即行为没有规律，也不可预测。初创企业面对的正是这种状况。但随着混沌行为的重复，逐渐会呈现某种暗含秩序的模式，最终会出现奇异吸引子，计算机模拟的奇异吸引子美轮美奂。其实，奇异吸引子并非混沌自身的形状，而是事物整体的形状。混沌理论和奇异吸引子告诉我们：混沌总是与秩序相伴。从表面上看，混沌系统毫无秩序可言，没有固定力量的形态，而内核却是秩序。

这就是混沌理论，混沌理论再次表明世界是非线性的。在非线性系统中，迭代能够将微小差异放大成无法预料的后果，系统通过不断地反馈来放大这种微小差异，不停迭代终使系统进入极不稳定的状态，后续的结果根本无法预测。

那么这意味着什么？首先，在混沌系统里，不要试图预测和控制。其次，尽可能地将关注点放在事物的整体上，因为某个点或部分体现的是混沌，但整体呈现的却是秩序的某种模式。最后，统一思想，向心而生。

在创业初期的混沌状态下，企业家要通过回答“我们是谁”，让所有人对企业总体有清晰的认识，然后建立企业价值观，统一创业团队思想，时刻通过思想动员工作来保持团队内在的一致性。初创企业无须建立太多的流程和规章制度，烦琐的体系会制约组织的灵活性和创新能力，自主和简单化而非控制是初创企业与生俱来的特色，通过不断地解释和学习，不断迭代愿景、使命和价值观的几项原则，企业员工就能够自主训练，从而实现自我复制。最终，在看似无序的企业中建立有序。

须菩提，于意云何。若人满三千大千世界七宝。以用布施。是人所得福德。宁为多不。须菩提言。甚多。世尊。何以故。是福德。即非福德性。是故如来说福德多。若复有人。于此经中受持。乃至四句偈等。为他人说。其福胜彼。何以故。须菩提。一切诸佛。及诸佛阿耨多罗三藐三菩提法。皆从此经出。须菩提。所谓佛法者。既非佛法。

——《金刚经》第八品

《金刚经》第八品讲的道理，属于底层的底层，它不仅可以用于企业战略管理，也可以用于方方面面。当用于企业战略管理时，企业给员工发最多的奖励，还不如给他做有效的思想工作和通过培训来帮助他提升工作能力。

6.6 底层的底层

1. “智慧入门”

选择比努力更重要。前者是必要条件，后者是充分条件。选择过程就是研究与思考的过程。

创业者是否“真的”做研究与思考，就是底层的底层，它与所有的“底层理论”无关。

为什么全世界范围内（中国在短缺经济以后时代也不例外），创业企业的成功率不超过1%，企业的存活率不超过10%？这些现象，是所有的“底层理论”无法解释的。究其根源，在于底层的底层。如果带着欲望做研究与思考，就不是“真的”做研究与思考。

理论研究工作者是否“真的”做好研究与思考（标志是有效应用于实践并创造出实际的经济效益），同样是底层的底层，同样与所有的“底层理论”无关。

为什么全世界范围内（中国在短缺经济以后时代也不例外），有如此多的理论研究工作者，其理论研究成果不能有效应用于实践而创造实际的经济效益？这些现象同样是所有的“底层理论”无法解释的。究其根源，在于底层的底层。如果没有带着欲望（应用于实践并创造出实际的经济效益）做研究与思考，就不可能“真的”做好研究与思考。

所以，《道德经》第一章云：**“常无欲以观其妙。常有欲以观其徼。此两者同出而异名，同谓之玄。玄之又玄，众妙之门。”**

底层的底层就是：创业者需要无欲去做研究与思考，理论研究工作者则需要带着欲望去做研究与思考，并且二者需要紧密结合。

2. “无实无虚之心”

每个方向（行业）总是会有成功的企业。为什么有的企业会成功，而大多数企业会失败？

选择包括：大方向，中方向和小方向。我们往往遇到的情况是：大方向正确，中方向或者小方向却是“此路不通”。中方向或者小方向是无数的。尽管“条条道路通罗马”，但是适合某个创业企业的道路可能只有一条。因此，创业者需要有“变化之道”。

“变化之道”是一种底层的“存在”，可能有很多人懂，但是往往做不到。能够做到的人，则需要“无实无虚之心”，即“该坚持的，需要坚持；该变化的，需要尽快变化”，此即为“底层的底层”。

6.7　结论与讨论

战略，就是关注未来及如何拥抱未来所涉及的人的谋划。无论企业规模大小，无论企业处于怎样的发展阶段，企业领头人如果不关注未来，那么企业就有可能被未来所抛弃。同样，如果不关注人（股东、团队及员工、客户、供应商等），那么企业就有可能被人所抛弃。

本书中提出的战略六要素可供原则性参考，但是具体企业在具体应用上仍是千差万别的。

战略的成功，或者说企业的成功，不仅取决于“底层理论”，还取决于底层的“存在”和底层的底层的“存在”。

底层的“存在”以及底层的底层的“存在”，不是靠学习就能够拥有的，而是需要修炼。就好比武功，学习武术中的招式是容易的，但是想要真正有武功，则需要每天坚持练习。

狭义上的“教育”与真正意义上的“培训”是有本质区别的。就好比教人打篮球，狭义上的“教育”就是教授其打篮球的规则，而想要培养出优秀的篮球运动员，则需要很多看起来与篮球规则无关的训练。打篮球的规则即“底层理论”，而训练其弹跳力、耐力和敏捷性，近似比喻就是底层“存在”的训练。但是，仅限于此还难以培养出优秀的篮球运动员，只有让其热爱篮球，才可能培养出优秀的篮球运动员。而热爱就是一种底层的底层的“存在”。这种对于底层的底层的“存在”的培养，才是真正意义上的“培训”。

第 7 章 企业财务管理“底层理论”的应用方法

7.1 企业财务管理“底层理论”的应用思路

与战略理论相类似，财务管理的理论也有很多，我们在此处不做展开。根据前文关于底层的“存在”的描述，同样可以推导出关于财务管理的“底层理论”，具体推导的方法已经在第 5 章中讲过，具体结果见图 5-3。本章主要讲财务管理“底层理论”的应用方法。

财务会计是指对企业经营历史的记录与分析，而财务管理则需要把握未来。对于财务管理来说，把握未来的首要任务就是要保障战略目标实现所需资金。想要完成此任务，首先需要做好分类分析工作，即 12 智慧元素中“天梯 1”思维的应用，参考方法如表 7-1 所列。

表 7-1　战略目标实现所需资金分析

战略任务	资金需求额	资金使用期限	资金来源	资金到位概率
战略任务 1			来源方案 1	
			来源方案 2	
			来源方案 3	
			……	
战略任务 2			来源方案 1	
			来源方案 2	
			来源方案 3	
			……	

（续表）

战略任务	资金需求额	资金使用期限	资金来源	资金到位概率
战略任务 3			来源方案 1	
			来源方案 2	
			来源方案 3	
			……	
……			……	

表 7-1 中的资金来源包括：自有资金、债务融资资金和股权融资资金等。除非是自有资金，债务融资资金和股权融资资金往往是不能做到百分之百保障的。所以，资金来源方案中需要给出资金到位概率。只有清楚这种概率，才会事先多做几种方案。

很少有人知道如何分析资金到位的概率问题，此即 12 智慧元素中“球架”思维的应用。我们同样可以做表进行分析，参考方法如表 7-2 所列。

表 7-2　资金到位概率

内容	当下判断的概率权重	当下判断的概率	概率因子	动态判断的概率权重	动态判断的概率	动态概率因子
资金来源方的资金稳定性						
资金来源方对外借贷或者股权投资的政策符合性						
资金来源方基层审批机构的态度						
资金来源方中层审批机构的态度						
资金来源方高层审批机构的态度						

如何快速成为陌生领域的半个专家、如何有可能成为专家、如何有可能成为顶级专家？当掌握了“南北极”思维能力的时候，就有可能做到快速成为陌生领域的半个专家。上述思路就是“南北极”思维下的产物。但是，要想成为财务管理专家，还要掌握“赤道”思维，具体体现在表 7-2 中的动态判断，因为资金来源

方的资金稳定性不是一成不变的，同样，资金来源方对外借贷或者股权投资的政策也不是一成不变的。另外，资金来源方的基层审批机构、中层审批机构、高层审批机构的负责人也可能会变。

当然，表 7-1 和表 7-2 只是提供一种思路，这种思路是否具有完备性，还需要有“天梯 1”思维和“球架”思维。对于“天梯 1”思维和“球架”思维，知道容易做到难，往往需要进行培训与训练。

下面，我们将以实际案例进一步讨论企业财务管理“底层理论”的应用方法。

【案例】

企业名称：天海环境科技股份有限公司

业务描述：公司紧紧围绕国家“美丽中国”的战略部署，专注于自主研发土壤修复技术和装备的科技创新，以“科技成果产业化、应用化”为基础，以“自主科技创新”为核心，从事污染场地修复技术研发、工艺设计、修复机械制造和工程管理，坚持通过全国网络布局给客户提供从前端场调到后端修复的一体化解决方案。

核心团队构成：由国内知名 985 大学相关专业人才并辅以在本领域深耕多年的工程管理专家组成，领军人才还有较长时间在国外从事相关学习研究的经历，核心团队 20 人，全部员工 100 人。

公司组织架构如图 7-1 所示。

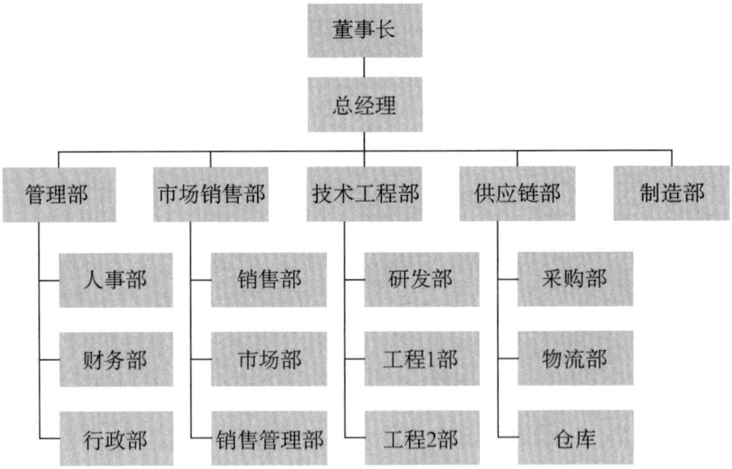

图 7-1 公司组织架构

创业目标：五年内成为具备高端装备定制能力的土壤修复专业技术服务提供商，营业收入超过 10 亿元，净利润超过 1.5 亿元，排到行业前五位。

7.2　保障战略目标实现所需资金

7.2.1　融资策略选择和实施

资金是企业经营的“血液”，是维系企业经营和发展的核心要素，贯穿于企业生命周期的全过程。因此，企业如何结合自己的实际情况，选择一个合适的融资策略就显得尤为重要。对创业企业来说，它是决定企业“生死存亡”的大事，在很多情况下，它甚至比利润更重要。下面针对创业企业不同的情形和发展阶段，探讨融资策略的选择和关注点。

总体来看，债务融资和权益融资的资金提供人对相关要素关注的重点不一样，可以为融资者提供参考，具体见表 7-3。

表 7-3　债务融资和权益融资的关注重点

内容	债务融资	权益融资
安全性(还款保证)	★★★★★	★★★
流动性	★★★★	★★★
收益性	★★★	★★★★★
融资额度	★★★★	★★★
期限长短	★★★	★★★★★

注：★表示强弱、额度大小和期限长短。

1. 不同发展周期的融资方式选择

1）初创期

初创期即企业刚刚开始将创业项目投入运作，企业没有什么营业收入，成本开支很大，利润为负，现金持续流出，资金缺口大。

由于初创期企业对融入的资金无法提供有效保障，经营风险尚未消除，所以能采取的融资方式主要有以下几种。

(1) 个人出资。由创业企业创始人、亲戚朋友、创始团队成员出资。以股权的方式出资，是权益融资的一种方式，形成创业企业融入的第一笔资金，促进公司的成型。

(2) 天使投资。天使投资是指个人或投资机构帮助那些专业技术或原创项目构思但缺少自有资本开发的创业者进行创业所需的一次性前期开发投资，是权益融资的一种方式。

(3) 创业借款。在目前鼓励创业创新的环境氛围中，政府及一些相关机构联合银行对创业企业提供的一种债务融资，基于创业企业一定的商业架构基础上，由政府政策性担保基金或政府主导的商业担保基金，出于鼓励创业、孵化新兴企业的角度，为创业企业提供担保，由商业银行负责实施。

2) 成长期

企业度过了初创期，逐渐被市场认可，市场规模迅速扩大，销售增加，企业开始有了盈利，经营性现金流逐步增加，但净现金流依然为负。

(1) 战略投资者融资。是指为谋求战略发展利益并长期持有标的公司股份而融入的资金，战略投资者通常会拥有对标的公司来说相关的优势，如技术、市场、管理、人才、资金等，能够促进企业产业升级，提高核心竞争力和创新能力，是权益融资的一种形式。对创业企业来说，不仅能够输血，还能赋能，战略投资者的出资方式不限于现金，还可能包括技术、资产等。

(2) 财务投资者融资。财务投资者是以获利为目的，通过投资行为取得经济上的回报，在适当的时候进行套现的投资者。相对于战略投资者而言，财务投资者更注重短期获利，关注获利的稳定性和资金回收的通道。通过财务投资者融资，企业可以获得较大额度的资金，这有利于其价值发现。

(3) 银行借款。企业经营到一定规模，经营风险得到有效管控，持续经营能力得到一定程度验证，企业融资的方式就可以涉及一定规模的银行债务融资，包括流动资金借款、贸易融资、供应链融资、项目融资、票据融资等多种形式，以获得稳定、成本较低的资金，从而保障企业发展需要。

3) 成熟期

成熟期是指企业在市场上占了一定的规模份额，销售日趋稳定并有一定程度增长，利润丰厚，纳税金额较大，现金流稳定。公司有了较大规模的固定资产、资信等级和在资本市场的影响力迅速提升、偿债能力和盈利能力得到增强、核心经营能力有效形成，可以采取其他方式进一步融资，以促进企业发展。

(1) 发行债券。具体包括企业债、公司债、银行间信用债(中票、短融、超短融等)等，一般来说，发行额度较大、期限较长、成本较低，可以满足企业长期的大额资金需求。

(2) 股权质押融资。随着股权价值提升和流动性增强，通过股权质押获得债务融资成为可能，特别是首次公开募股(Initial Public Offering, IPO)后，股权质押融资成为一个重要的债务融资途径。

(3) 上市融资。将经营公司的全部资本等额划分，表现为股票形式，经批准后上市流通，公开发行。由投资者直接购买，短时间内可筹集到巨额资金，除了融资以外，还有价值发现等功能，此种股权融资方式已经成为不少优质企业进入成熟期以后的选择。除了 IPO 融资以外，还可以通过配股、增发、发行可转换债券等方式多次融资，解决企业的资金需求。

4）衰退期

当处于衰退期时，市场变化，销售份额下降，销售收入和利润慢慢下降，资金投入已经无法驱动企业重新发展。企业无须投入大量资金进行运营，而是通过并购、重组和资产剥离等方法换得现金，以备偿债、减亏和返回股本之用。

2. 融资选择的考量因素和内在逻辑

1）融资的内在逻辑

融资的最终目的是满足企业生存和发展的资金需要，是企业发展的重要因素。在进行融资管理时，应根据企业的财务状况和业务需求，结合实施情况，动态地进行调整和优化。企业财务评价流程如图 7-2 所示。

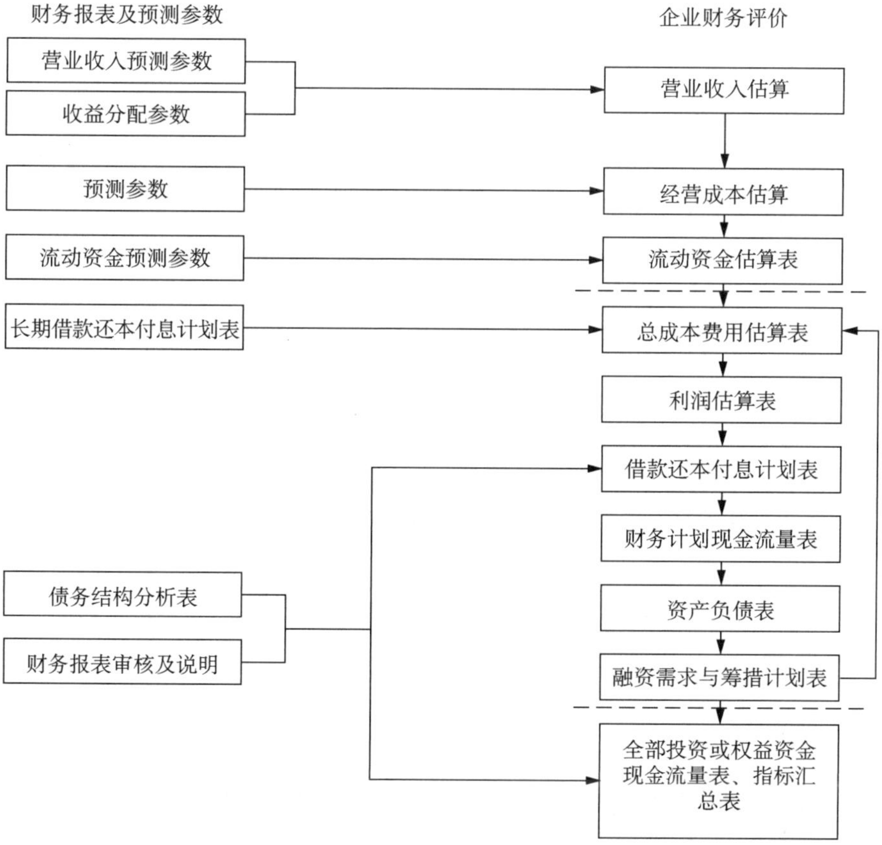

图 7-2 企业财务评价流程

2）融资选择的原则

(1) 合理确定资金需求量和需求时间。资金是有时间价值和机会成本的，如果规模不足、时机不符就不能满足需要，从而影响企业生存发展；如果规模过大或期限错配，就会增加机会成本，从而影响企业效益。

(2) 正确选择合适的融资渠道。根据企业实际状况选择合适的渠道进行融资，以确保融资成功、成本可控。

(3) 掌握好资金的投放节奏。制定科学可行的资金计划，掌握好资金投放节奏，提高资金管理效率。

(4) 资金结构的合理配比。控制好股权和债务的融资比例，控制好短期和长期的融资比例，将资产负债率和资产流动性保持在一个合理的范围内。

3）融资管理的关注点

(1) 优先将所筹的资金用于生产和流通项目上，严格控制非生产性支出。

(2) 科学决策，将借入资金优先应用于经济效益好的项目上。

(3) 应将债务资金用于资金周转快的项目上以及时偿还债务，提高企业信誉。

【案例】

天海环境科技股份有限公司根据上述内容，根据自己的企业战略和实际需要，设计并践行了自己的融资策略，并对后续融资进行了计划，具体内容如下：

(1) 2012 年 8 月，公司成立，创始人及创始团队个人出资 500 万元。

(2) 2015 年，公司估值 3 000 万元，天使轮融资 1 500 万元，出资人为天使基金，通过银行获得 300 万元创业贷款。

(3) 2017 年初，公司估值 1 亿元，Pre-A 轮融资 1 900 万元，出资人为战略投资者 A 公司。

(4) 2017 年底，公司估值 2 亿元，A 轮融资 4 000 万元，出资人为私募基金。同年 8 月，通过银行做了一笔大型国企确权的应收账款保理融资 1 000 万元。

(5) 2019 年 6 月，公司估值 5 亿元，B 轮融资 8 000 万元，出资人为资产管理公司。

(6) 计划 2022 年，Pre-IPO 融资 2 亿元，出资人为相关财务投资者。

(7) 计划 2023 年，IPO 融资 5 亿元。

7.2.2 现金流管理

现金流是创业企业的生命线，如何对现金流进行有效的管理，做到未雨绸缪，保证创业企业“血液流畅、血色红润”，对现金流进行动态有效管理就显得尤为重要。

1. 现金收支计划

1）主要管理要素

（1）销售现金回笼。这是现金流的主动脉，是销售商品和提供劳务所得的现金流入，是现金流入的主渠道，保障它的顺畅是企业健康经营的关键。最好的状态是应收尽收，而且有净流入，对盈余提供充分现金保证。

（2）融资收入。

（3）其他经营收入。

（4）采购支出。

（5）人工成本支出。

（6）投资支出。

（7）其他经营支出。

2）月度现金收支计划表

月度现金收支计划如表7-4所列。

表7-4 月度现金收支计划表

序号	收入项目	金额	责任部门	序号	支出项目	金额	责任部门
一	货款回笼			一	采购支出		
1.	客户-项目1			1.	项目1		
2.	客户-项目2			2.	项目2		
	……				……		
				二	人工成本		
二	其他经营性流入			三	上缴税金		
三	融资流入			四	其他经营支出		
1.	债务			五	投资支出		
2.	股权			1.	构建资产		
四	其他			2.	股权		
				六	偿还债务		
				七	其他支出		

2. 现金流量执行跟踪

现金流量执行跟踪情况见表7-5。

表 7-5 现金流量执行跟踪情况表

项　目	本年目标	本期	本年累计
一、经营活动产生的现金流量			
销售商品、提供劳务收到的现金			
收到的税费返还			
收到其他与经营活动有关的现金			
经营活动现金流入小计			
购买商品、接受劳务支付的现金			
支付给职工以及为职工支付的现金			
支付的各项税费			
支付其他与经营活动有关的现金			
经营活动现金流出小计			
经营活动产生的现金流量净额			
二、投资活动产生的现金流量			
收回投资收到的现金			
取得投资收益收到的现金			
处置固定资产、无形资产和其他长期资产收回的现金净额			
处置子公司及其他营业单位收到的现金净额			
收到其他与投资活动有关的现金			
投资活动现金流入小计			
购建固定资产、无形资产和其他长期资产支付的现金			
投资支付的现金			
取得子公司及其他营业单位支付的现金净额			
支付其他与投资活动有关的现金			
投资活动现金流出小计			
投资活动产生的现金流量净额			
三、筹资活动产生的现金流量			

（续表）

项　目	本年目标	本期	本年累计
吸收投资收到的现金			
取得借款收到的现金			
收到其他与筹资活动有关的现金			
筹资活动现金流入小计			
偿还债务支付的现金			
分配股利、利润或偿付利息支付的现金			
支付其他与筹资活动有关的现金			
筹资活动现金流出小计			
筹资活动产生的现金流量净额			
四、现金及现金等价物净增加额			
加：期初现金及现金等价物余额			
五、期末现金及现金等价物余额			

3. 现金流管理措施

(1) 充分做好现金计划制定和执行，把现金流管理纳入公司目标体系和绩效考核体系。

(2) 建立现金流管理的基础支持体系，包括信用管理政策、资产负债匹配、偿债能力设置等。

(3) 做好现金流管理的信息化支撑，及时反馈相关信息。

(4) 根据业务需要，预留一定的资金安全余量，保证企业正常资金需要。

7.3　创业企业财务管理的重要工具和方法

1. 全面预算管理

凡事预则立，不预则废。全面预算管理已经成为创业企业必需的管理模式和重要的管理抓手，是“预”的全新诠释，是创业企业对公司内部各种财务资源和非财务资源进行分配、考核、控制、有效的组织和协调的经营管理行为，以完成创业目标，为公司战略规划的实现提供保障。

1) 创业企业财务管理的重要工具

全面预算管理是指企业的决策目的及其资源配置以预算的方式加以量化，

使之得以实现的企业内部管理活动或过程的总称，是一种管理工具，也是一套系统的方法。它通过合理分配人力、物力和财力等资源，来协助企业实现战略目标、监控战略目标实施进度、控制费用支出，并预测现金流量和利润。企业全面预算体系如图 7-3 所示。

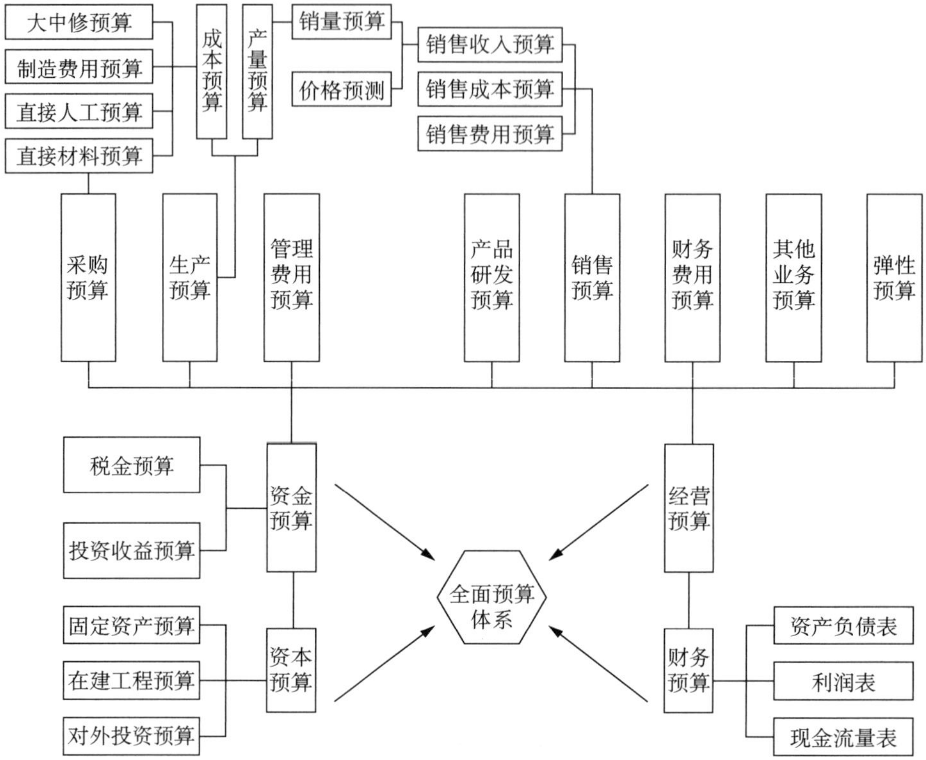

图 7-3 企业全面预算体系

2）全面预算对创业管理的作用

（1）支持企业战略，促进战略实现。现在很多创业企业战略归战略，预算归预算，成了两张皮，决策、管理、执行各自为政，战略不能落地，预算缺乏有效目标，从而影响了公司发展。现通过将预算与战略相结合，战略为预算引领，预算为战略抓手，将决策、管理活动和管理优化相结合，以确保企业战略的实现。

（2）控制成本费用，增加利润贡献。成本费用控制体系是全面预算的基础，通过目标成本管理、定额管理、费用管理、生产预算等工作，拓宽利润空间，以提升创业企业的盈利能力。

（3）优化授权管理，提高运营效率。预算执行者责权利相结合，为权力下放提供基础保障，尤其是决策权力下放，缩短决策时间，有利于适应市场变化，把握市场机遇。

(4) 控制企业风险，确保运营稳定。

(5) 法人治理载体，激励机制基础。

3) 预算编制的基础条件

预算编制的基础条件包括健全的预算管理组织、规范的制度保证、严格的预算管理流程、先进的信息化技术支持体系、有效的监控评估体系、动态化的分析调整机制、完善的绩效考核体系。

4) 编制内容

(1) 销售预算

企业销售预算如表 7-6 所列。

表 7-6　销售预算表(范例)

区域	产品 1	产品 2	……	合计	本年增量	责任人
华东						
华北						
……						
合计						

另外，销售预算编制还要包括产品价格策略、销售时间安排、销售管理措施等要素。

(2) 生产成本预算

企业生产成本预算如表 7-7 所列。

表 7-7　生产成本预算表(范例)

区域	产品 1	产品 2	……	合计	责任中心	责任人
材料消耗						
人工消耗						
设备运行消耗						
制造费用						
合计						

(3) 采购预算

企业采购预算如表 7-8 所列。

表 7-8 采购预算表(范例)

材料	规格型号	市场平均价格	采购量	预算底价	市场价 1	市场价 2	……	选择项
材料 1								
材料 2								
材料 3								
……								

在明确采购标的、采购量、采购周期、规格型号等基本前提下，还要通过招标、竞价、谈判等方式，对市场空间进行研究，并明确谈判底价和选择方式，从而确定采购方案。

(4) 研发预算

企业研发预算如表 7-9 所列。

表 7-9 研发预算表(范例)

研发项目	人力预算	材料消耗	设备预算	费用预算	合计
项目 1					
项目 2					
……					
小计					

(5) 费用预算

企业费用预算如表 7-10 所列。

表 7-10 费用预算表(范例)

费用科目	本年预算	去年同期	测算依据	责任部门	责任人
一、管理费用					
1. 业务招待费					
2. 办公费用					
……					
二、营业费用					
1. 广告费用					
2. 运输费用					

（续表）

费用科目	本年预算	去年同期	测算依据	责任部门	责任人
……					
三、财务费用					
利息支出					
小计					

费用的管理要使用零基预算法，实施严格的额度限制和过程控制，明确责任部门和责任人，对实施路径和实施方法进行持续优化，不断降低在运营规模上的占比。

（6）投资预算

企业投资预算如表 7-11 所列。

表 7-11　投资预算表（范例）

投资项目名称	投资方式	投资总额	投入进度（季度）				本年累计投资额	投资回报率
			一	二	三	四		
项目 1								
项目 2								
……								

5）控制方法及手段

预算控制是一个非常重要的环节，它直接关系到企业的成本控制，还关系到企业的目标实现和战略落地，控制的方法和手段也显得尤为重要，具体包括：

（1）建立完善的预算保障制度，包括预算流程、授权管理、合同管理、管理机构等，整体制度架构的设置和建立是预算落地的有力保障。

（2）采取柔性控制为主，刚性控制并重，刚性不僵化，柔性不实控，设立分层监控，确保控制效果。

（3）形成完整的经营分析和预警体系，动态分析执行偏差，及时进行有效管理，通过系统化、体系化的管理，保障执行效果。

（4）把考核和激励作为预算控制的助推力

建立覆盖预算编制、预算审批、预算调整、预算执行控制、预算分析等环节的全面预算信息管理系统。

2. 编制商业计划书

商业计划书是创业企业出于招商融资或其他发展目的，按照一定格式将谋划与管理自身资源以获得利润的主要方法或方式及未来发展目标、路径等整理后形成的书面材料。对于创业企业来说，这是一项重要的工作，而要做好这项工作需要首先梳理好自身发展的相关问题，然后按照一定要式呈现给相关阅读者。商业计划书是阅读者与创业企业的“首次接触”，核心目的是想让资金提供者或投资人知晓提供资金为什么是值得的，其主要格式要求和相关注意点如下。

1）公司基本情况

公司基本情况包括：公司名称、公司性质、成立时间、历史沿革、注册地区、注册资本、主要股东、股本比例、主营业务、过去三年的财务报表、公司办公地点、相关联系人及联系方式等。

2）主要管理者情况

主要管理者情况包括：姓名、年龄、国籍、学历/学位、毕业院校、政治面貌、行业从业年限、主要经历和经营业绩。

3）产品/服务描述

产品/服务描述包括：产品/服务介绍、产品技术水平、产品的新颖性、先进性、独特性，产品的竞争优势。

4）研究和开发

研究和开发包括：已有技术成果和技术水平、研发队伍技术水平、竞争力及对外合作情况、已投入研发经费及今后投入计划、对研发人员的激励机制等。

5）行业及市场

行业及市场包括：行业历史和背景、市场规模及增长趋势、行业竞争对手及本公司竞争优势。

6）营销策略

营销策略包括：在价格、营销网络建设等各方面采取的策略及措施。

7）管理

管理包括：机构设置、员工持股、劳动合同、知识产权管理、人事计划。

8）融资说明

融资说明包括：资金需求量、融资方式、用途、使用计划、投资者权力、退出方式、预期收益等，若是股权融资还要说明拟出让股份。

9）财务预测

财务预测包括：融资主体及融资项目未来 3～5 年的销售收入、利润、资产回报等，以及相关依据是什么。

10）风险控制

风险控制包括：项目实施可能出现的风险及拟采取的措施。

11）几个注意点

（1）语言描述要简练，能让阅读者在5～10分钟内基本了解整个创业计划，切忌冗长、中心不明确，内容应具有高度概括性。

（2）语言优美，引人入胜。

（3）需要突出强调的内容包括：产品/服务技术优势和核心资源优势；管理者团队要着力展示视野、追求境界与经验；展示对市场的洞悉和了解，充分说明策略的可行性；突出敢于竞争、勇于胜利的精神；对行动计划做出细致安排，体现谋定而后动。

（4）制定的目标一定要具体、明确，包括短期、中期和长期目标，且目标要具备一定的弹性和可调性，从而确保可行性。

【案例】

以下是天海环境科技股份有限公司的商业计划书基本架构——基于股权融资目的。

（1）投资亮点

① 市场空间巨大：土壤修复行业拥有万亿元级市场空间，且近年来呈现爆发式增长。由于土壤污染的隐蔽性、复杂性等特点，其修复工程及前期场地调查工作均具有极高的技术难度。公司长期深耕修复行业，致力于成为顶尖的土壤修复专业技术服务及高端装备供应商。

② 商业模式成熟：以场调业务带动修复工程，以修复工程实践推进设备迭代/研发。搭建设备—技术服务—工程各环节协同发展的业务模式。

③ 技术实力强大：国家千人计划专家作为创始人带领的行业精英团队。公司主导国家课题（科技部863计划）、参与行业标准制定、自有专利超过200项，自主研发的6大体系模块化装备打破了国外垄断，填补了国内空白。

④ 业务发展迅猛：首先，过往6年快速发展，完成华东、华南、西北区域市场布局；其次，积累优质客户150余家，包括国内众多土壤修复工程总包龙头企业；再次，完成场调、修复实施案例500余项，包括环保部督办重大项目。

⑤ 财务表现亮眼：首先，2018年合同额1.8亿元，确认收入1.2亿元（同比增长近4倍），净利润2 000万；其次，2019年预期新签合同4亿元，实现营收2.5亿元，净利润5 000万元。

（2）核心团队介绍：国家千人计划专家带领的精英团队。

（3）未来三年发展目标。

(4) 本轮融资计划:财务数据、股权结构、融资用途、未来退出方式(IPO)及保证、预期收益。

3. 公司治理财务合规性控制管理

创业企业在发展过程中面临的压力很大,既需要通过有效管理来应对经营风险,为市场提供有价值的产品和服务,又要有效进行内部控制,规范公司治理,即需要进行系统性、合规性设置,进行有效的内部控制,从而有效保证创业企业经营管理合法合规、资产安全、财务报告及相关信息真实完整,以提高经营效率和效果,促进企业战略目标的实现。

下面从财务管理的角度,对创业企业财务合规性做如下设置。

1) 组织架构设置

组织是体系运营的基本保障,建立内控组织,包括董事会和经理层两个层面。经理层是企业内部控制的具体实施者和责任人,在创业期,内控组织的设置形式较为灵活,可以不设单独的控制部门,把具体的内控牵头工作放在办公室或者财务部,加强业务与管理的有效融合。

2) 具体的财务控制活动

(1) 资金活动

① 记账、对账、支付三者相分离;资金信息录入和复核相分离;资金支付的印章和票据保管相分离。

② 融资活动:将融资方案的编制和审批相分离,在签订借款合同时要审核主要合同条款与批准的融资方案是否一致。

③ 投资活动:对于长期股权投资,要将资金支付的内容与投资管理部门出具的投资通知书的内容核对一致,做好投资台账管理,并进行相应的会计处理;对于短期投资,实施方案需要经过审批并按审批内容实施,根据银行回单进行账务处理。

④ 运营活动:定期进行现金盘点,定期编制银行余额调节表,出纳与会计人员交叉检验;银行账户开立、变更、注销要有内部审批程序;财务专用章与法人章分别保管;要有严格的资金支付审批程序。

(2) 资产管理

① 将资产(固定资产、无形资产、存货等)新增、处置的申请与审批程序分离。

② 将资产信息记录和保管相分离。

③ 获取的固定资产与采购合同的规格型号、数量等信息一致。

④ 固定资产要明确相应的管理责任,并定期进行盘点,投保相关财产责任险。

⑤ 固定资产的处置、抵押要符合公司的管理流程，并进行审批和跟踪管理。

（3）担保业务

① 将担保的评估与审核/审批相分离；将担保相关资产保管与担保业务登记相分离。

② 对被担保公司的资格、担保项目的合法性、资产质量、财务状况、经营状况、信用状况等进行程序性评估，并征求法务等部门的意见，对相关风险有可靠计量。

③ 担保业务必须按流程进行审批。

④ 对被担保公司进行系统性监控，对异常情况进行预警和管理。

（4）财务报告

① 将出纳与收入支出、债权债务的登记记账相分离；将财务报告的编制和审核相分离。

② 对各方面的监管要求进行汇总明确，并传达到相关责任人，明确财务报表的重要性水平。

③ 对财务系统的权限、抛账规则、结账、复核、合并等重要事项进行责任明确和流程设计，对债权债务要定期进行对账，对相关资产要按规定进行资产清查和价值测试，对不利变化计提减值准备。

④ 根据会计准则明确收入、成本确认方法，确保资产、负债、所有者权益的真实、完整、可靠。

⑤ 按照规定编制和提供会计报表，审计报告需经注册会计师签字，装订成册，加盖公章，并由公司财务负责人、法人签字后按规定报出。

（5）全面预算

① 将预算编制与审批、审批与执行、执行与考核相分离。

② 预算编制：公司要建立完整的预算管理制度，年度预算编制时结合公司战略明确预算编制大纲，以先进性和挑战性为导引，编制各部门和子公司的详细预算，并按程序提交审批决策。

③ 预算执行：对预算执行要有详细的执行计划及定期的跟踪分析，可以以月度、季度、半年度、年度为单位，或者针对某一事项进行专项分析，对偏差事项要及时采取措施进行管理。

④ 预算调整：预算调整要有详细的原因分析和严格的审批程序。

⑤ 预算评价：预算的执行情况要和过程评价和绩效考核有机结合起来。

（6）税收管理

① 要树立严格依法纳税的意识。

② 财务部门内部设立专门机构和专门人员进行税收管理。

③ 结合公司业务流程和产品特点对所有涉税事项和涉税点进行梳理，加强与税务部门的沟通，制定本企业的税收操作手册。

④ 结合创业企业自身特点，做好税收合理筹划和相关补贴的争取。

第 8 章 企业人力资源管理的“底层理论”与应用方法

8.1　创业企业人力资源管理的痛点、误区和“雷”区

1. 主要痛点

对众多创业者来说，企业人才方面的痛点主要有：

(1) 没人干活，没有雇主品牌，招聘难，找合伙人更难。

(2) 资金有限，舍不得给高工资，待遇没有竞争力，员工感受不到希望，人才流失严重，留人难。

(3) 员工素质参差不齐，没时间培训，培训也不系统，团队人才能力上难以支持业务发展，育人难。

(4) 员工出工不出活，积极性不高，做事拖拉，没有责任心，没有成本意识，赚点钱就小富即安，常常感觉无人可用，用人难。

(5) 遇到问题就抱怨，负能量多，成事不足败事有余，可手头团队人数太少，找不到人接替干活，想淘汰人也难。

2. 主要误区

对众多创业者来说，企业人才方面的误区主要有：

(1) 过于强调教育程度

创业者自身教育背景很好或者很不好的，这个误区相对较为明显。

(2) 过于看重过往的成功经验

有一些创业者特别希望能从明星企业挖到一个救世主，把自己企业快速做大、做强，一旦看到本行业的明星企业的人才简历，立刻眼放光芒，感觉捡到了宝。初创公司老板往往太过注重明星企业的光环，却忽视了应聘者身上存在着的明显不足或其他致命弱点。

(3) 过于看重文化价值观的一致性

方以类聚,物以群分。创业者常常爱找和自己一样的人。他觉得大家想法一致,沟通成本就会低很多,也容易产生共鸣,交流也比较愉快。

(4) 过于看重人才的成本属性

创业初期,资金少,支出多,总是想省钱,这点是可以理解的。但优秀人才都是不便宜的。创业者为了节省费用,通常给出的工资待遇是比较低的,要价高点的人,企业不敢要,于是招进来的多数是工资低、能力经验弱的人。而这类人通常是很难解决问题的,有时候还会成事不足败事有余,把本应该成功的事情给做砸了。

(5) 过于追求完美,难以接受人才缺点

有些创业者对人才的期望比较理想化,甚至幻想其能达到十全十美的境界,创业者的心态通常是:既然找就要找个特别好的。但实际上十全十美的人才是没有的,再优秀的人才也会有这样或那样的缺点。

(6) 过于渲染未来美好,不顾客观现实困难

有些创业者希望下属能和自己想法一样,比如:多想想美好的未来,工资现在少发一点,等待公司发展好了,我一定不会亏待你们。

(7) 过于自信,难以接受人才的不同意见

不是猛龙不过江。创业者没有几分自信是不会走创业路线的。但自信过头也会固执,听不进不同的意见,水油不进。而对于人才来说,他的意见和建议总是得不到重视,时间长了自然也不高兴说了,也没有继续做的积极性了。

(8) 随意承诺

轻诺必寡信。有些创业者,看到员工做事加班加点,当场表现得很高兴,拍拍他们肩膀说:"干得不错! 好好干,干得好下个月加薪(发奖金)。"结果他说完就忘了,员工满怀期待,等待着老板兑现加薪。几个月过去了,员工期待的加薪并没有看到,托人问老板给加多少薪,从什么时候开始。老板会很不高兴地说:"我是说干得好加薪,事实上我并没感觉他干得很好,加什么薪?!"

(9) 人力资源管理只是人力资源管理部门的事情

人力资源管理和财务管理、行政管理一样,在企业运作的所有环节都不可少。事情都是人做出来的,只要从事管理工作,只要是和员工打交道,就离不开人力资源管理,各职能部门的管理者无时无刻不在进行着人力资源管理工作,有时候是"日用而不知也"。人力资源部是推动企业人力资源管理工作规范运行的指导部门,而各个业务部门则是具体的执行部门,双方要相互配合,否则难以达到预期的管理效果。

直线经理时刻都能了解员工，是员工的直接管理人，员工的能力被挖掘的越多，为部门创造的效益就越大，部门经理也是直接受益人。员工的稳定性直接关系到部门团队的稳定性和战斗力。

(10) 人力资源管理，只要找到一个优秀的人力资源经理就解决了

人是最复杂的动物，管理好人是非常不容易的事情。每个人有不同的背景、经历，也有不同的习惯、不同的想法。况且，人和企业的关系始终是动态发展变化的，这就越发增加了管理难度。

不同的人、不同的行业、不同的公司、不同的发展阶段，面对不同的问题，都需要用不同的方式方法去处理。这就意味着，仅靠一个人力资源经理是不够的，即便他很优秀，但也会有一定的局限性。因此，优秀的创业者会找优秀的人力资源经理，同时广泛借助外部人力资源智囊顾问，听取不同意见。

这虽然会额外支付一定的顾问费，但聘请这些兼职顾问的成本要远比同级别的专职人才的薪酬低得多。同时，借助这些顾问的视野和经验为企业所带来的价值，要远比顾问费的价值大得多。

(11) 培训牺牲了工作时间又花了钱很不合算

一旦要搞培训，公司就需花费大把的时间和金钱，需要投入很多的人力、物力，这些投入确实不能以现实的数字衡量出回报，如此看来就是培训似乎只有投入没有回报。

(12) 自己培养人才所需的周期太长、成本太高，没有必要

有些创业者感觉培养人才的周期往往太长，远水解不了近渴，并且培养人才的成本是昂贵的，代价太大，最重要的是担心人才培养出来以后留不住。

(13) 眼光在外，总是觉得好的人才在外面

辛辛苦苦找来心仪的人才，很快就对其失望了，于是继续将目光投向外面。

(14) 认为做了股权激励就能激发全员动力

笔者的一个朋友在听了某教授的股权激励课程后非常激动，回到深圳就组织实施股权激励方案，希望通过这次激励，让全员潜力激发出来，让自己从忙碌中解放出来。

(15) 认为激励就是多发钱、福利好

老板很大方，舍得发钱，认为只要福利待遇好点，就是激励做得好。然而，事实上激励与需求不匹配是取得不了效果的。例如：一名年轻的下属向创业者抱怨自己的工作太累，有的人可能觉得下属希望涨薪水，于是直接让人力资源部为其加薪。其实该下属感觉到累的真正原因，可能是对自己不明朗的职业生涯忧心忡忡，是心累，此时他需要上级领导关心的是其职业生涯发展。

(16) 认为激励就是对下有求必应

人的需求是多种多样的,有时候也会是无止境的,满足了一个需求又会产生另一个需求。

(17) 认为管理很简单,优秀企业的制度和文化拿来主义就行

直接照抄照搬优秀企业的管理制度,忽略了自己与别人的差异,这种管理是没有效果的。一家只有二星级酒店条件的员工队伍,移用五星级酒店的管理标准去要求,可以想象其管理的效果。

(18) 认为用一套管理制度就可以一劳永逸

所有的管理制度都是有有效期的。就好像一个 1 米高的孩子穿的衣服和一个 1.8 米高的成人穿的衣服,自然是不一样的,要想让一个人的衣服合身好看,就要每隔一段时间为他量身定做一套合身的新衣裳。

3. 主要"雷"区

(1) 招聘广告,小心犯法惹官司

根据《中华人民共和国就业促进法》第三条:劳动者依法享有平等就业和自主择业的权利。劳动者就业,不因民族、种族、性别、宗教信仰等不同而受歧视。劳动者有权起诉招聘单位,诉其歧视。

(2) 入职不核查,麻烦事情多

招聘本身也会有较大的成本,做好招聘工作,提高招聘成功率,则可直接大幅度降低人力资源管理成本并减少各种法律风险。另外,做好入职前的审查环节十分必要和重要,具体包括如下内容:

① 身份、学历、资格、工作经历等信息是否真实。

② 是否存在潜在疾病、残疾等。

③ 年龄是否达到 16 周岁。

④ 与其他企业签订的劳动合同是否已到期解除。

(3) 没有约定录用条件,试用期解除劳动关系要赔偿

部分用人单位对试用期间用人单位解除权有重大误解,以为试用期间双方都可以随时解除劳动关系,而不清楚《中华人民共和国劳动合同法》对此也是有限制性规定的。

(4) 不及时签订劳动合同,双倍工资补偿

有些企业录用人才后,忽视了及时签订劳动合同,导致员工提起仲裁,被罚支付双倍工资为代价,这是完全可以避免的。

(5) 签订不缴纳保险协议无效

有些员工提出想到手收入多点,不想缴纳社保,也不需要公司缴纳社保、公

积金，愿意和公司签订不缴纳保险的协议。实际上，员工和企业签订不缴社保的协议是无效的。

(6) 没有书面管理制度，违纪难处理

一旦操作不当就很有可能导致违法解除劳动合同的情况发生，而违法解除劳动合同的法律后果要么导致用人单位要承担双倍的赔偿金，要么导致不得不恢复劳动关系，这对企业都是非常不利的。

(7) 公司管理制度程序不合法，打官司也败诉

在劳动争议案件中，很多公司明明将员工的违纪行为书面固定，然而因为员工的一句“我不知道有这样的制度”，公司本身又不能证明员工知晓而处于被动的局面。

(8) 没有竞业禁止协议，辛苦培养的人才被挖走

行业竞争激烈，同行有时真是冤家。有些企业辛苦培养的人才，结果被竞争对手高薪挖走，带来了技术泄密的潜在风险，咬牙切齿，而又叹气无法。如果在员工进公司时，就签订竞业禁止协议，对于竞争对手的恶意挖角，还是有很好的保护作用的。

(9) 未签订培训服务协议，白白为竞争对手培养了人才

有些企业格局很大，主动出资为人才提供各类培训，由于没有签订培训服务协议，当员工提出离职时，只能眼睁睁看其离开，连付出的培养费用成本都无法收回。

对人才进行培养，并签订培训服务协议，也是一种心理契约管理，可以提示离职成本，强化人才安心服务，如果人才离开，至少可以收回培训的成本。

8.2　底层、底层理论及人力资源管理六要素

本书第 2 章中讲过“南北极”和“赤道”的概念。“南北极”的概念包括：①要什么？如何开始？②因果关系（函数关系）；③人性；④概率与数理统计。“赤道”的概念包括：①假设与推导；②变化之道。我们可以根据“南北极”和“赤道”的概念推导出人力资源管理的“底层理论”（图 8-1），推导方法如下。

人力资源管理，其底层的“要什么？如何开始”，即岗位描述，要招聘的人才将是什么岗位？此岗位的人到底要完成什么样的任务？此岗位到底需要具备什么样素质和特征的人才能胜任？

目标是“果”，即函数的因变量，要实现目标，就需要因，即函数的自变量。具体来讲，为了招聘到所需的人才，企业需要做哪些工作，即招聘策划与执行。

人性体现在能否留得住人才，并且如何发挥其在工作中的主观能动性，即人才管理。招聘录取时对人才的判断，不可能完全准确，永远只是概率事件，而不能做到百分之百，因此，今后还需要岗位考核。某人是否胜任某岗位，胜任程度如何，开始阶段只是假设，因此就需要人才试用。某人胜任某岗位，可能只是开始的判断，事实上不胜任，或者只是阶段性的胜任，随着业务及其环境的变化，因此就需要进行人才培训或调整。

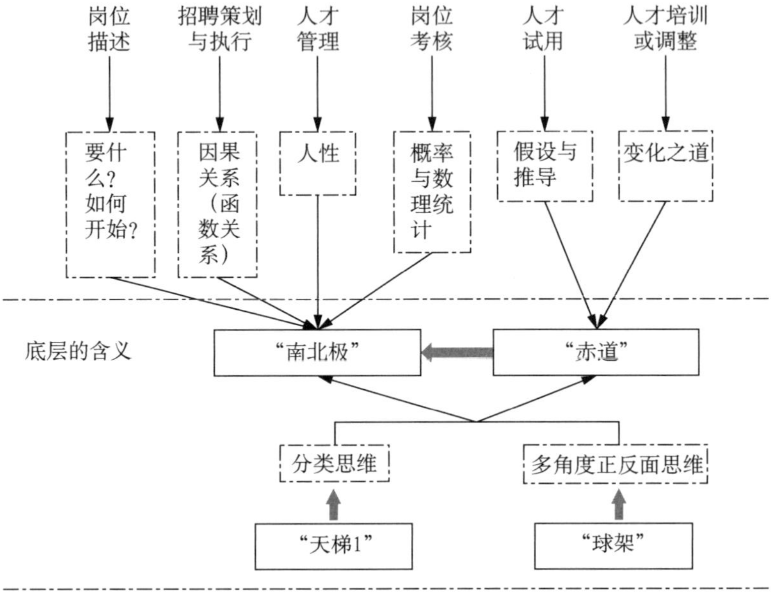

图 8-1　底层与人力资源管理的“底层理论”

1. 底层与岗位描述

岗位描述是人才资源管理中重要而基础的内容，也是最首要的工作内容。因为只有描述清楚岗位特征和要求，才能让别人知道企业真正需要什么样的人。创业者如果连自己真正要招什么样的人都不知道，也表达不清招聘岗位的具体要求，那还如何谈得上招聘到自己所需要的人？

但是有趣的是，岗位描述却又是超过了人才资源管理概念范畴的，因为：①岗位描述本身已经超过人力资源总监的工作内容，它已经属于部门主管的工作。②不同企业在不同发展阶段，其岗位要求也会随着企业的发展而发生变化。

因为上述原因，现实的情况通常是：很多创业企业在招聘时是没有岗位描述，或者是含糊不清的。这也是全世界范围内（中国在短缺经济以后时代也不例外）创业企业的成功率不超过1%，创业企业的存活率不超过10%的关键原因之一。

因此，岗位描述本身属于底层的“存在”，已经超过传统人力资源理论范畴了。

还有一个有趣的现象是：由于企业的不同发展阶段所需岗位的工作内容会不同，很多看起来是专业的岗位，却恰恰不是此专业科班出身的人才所能够胜任的。例如：当企业需要融资的时候，最需要的可能是融资所需要的、具有相关人脉的公关人才。又例如：当企业在业务及其流程转型时，管理软件的更新换代就需要新的模型与算法，此时最需要的可能是数学或者物理学领域的建模人才，甚至可能是需要一种在传统经济学、管理学理论中所无法描述的人才。

岗位描述本身不仅属于底层的“存在”，而且还属于底层的底层的“存在”。我们提出的 12 智慧元素及五行模型，可以通过转化而应用于岗位描述，由于此话题所需篇幅较多，此处不再展开。

2. 底层、招聘策划与执行

狭义上的招聘策划与执行，我们将在后续章节中讨论。但是，往往底层的“存在”比狭义上的招聘策划与执行更重要。例如：公司名气小，没有雇主品牌，在招聘时，本身来应聘的人就少，并且应聘的人根本就没有符合岗位要求的人。显然，这种底层的“存在”，也是全世界范围内（中国在短缺经济以后时代也不例外）创业企业的成功率不超过 1%，创业企业的存活率不超过 10%的又一关键原因。

3. 人才管理

人性体现在能否留得住人才，并且如何发挥其在工作中的主观能动性，即人才管理。

狭义上的留得住人才和如何发挥人才在工作中的主观能动性话题，我们将在以后相关章节中展开讨论。但是，往往底层的“存在”比狭义上的人才管理更重要。“天才”（在本书第 5 章中，我们称之为“顶级专家”）与“优秀人才”是完全两个层次的概念。企业如何培养出自己的各类“顶级专家”，就是一种底层的“存在”。

8.3　创业公司怎样招聘到想要的人才

12 智慧元素中的“南北极”的概念之一有“要什么？如何开始？”具体应用思路如下。

1. 什么样的人才是你篮子里的菜？你应该找怎样的人？

我们可以运用 12 智慧元素对你所要的人进行分类分析。

元素 1：“南北极”。具体应用于选人时需要考虑的有：你聘请职业经理人的具体目的是什么？需要他们解决的核心问题（最重要的三个问题）是什么？该岗位的年度目标及近期目标分别是什么？候选人什么样的经营理念才能与创业者的期望值相符？

元素2："赤道"。具体应用于选人时需要考虑的有：找学习能力强、适应变通能力强的人。这个可以通过简历了解，简历中掌握知识多，实践经历多，且取得一定成绩的，如果考察其描述是真实的，则证明此人是学习力和适应力强的，在新环境中应该也能较快学习新事物，适应新挑战。

元素3："球架"。具体应用于选人时需要考虑的有：作为创业者你能力的长板和短板是什么？本公司的现有领导层以及职业经理人的强项与弱势是什么？什么样的人能弥补你的短板？

元素4："天梯1"。具体应用于选人时需要考虑的有：候选人过往什么特质或经历，让其具备解决问题的能力？候选人是全能型，还是逐渐升级型？是管理型，还是营销型？

元素7：智慧入门。是判断所选的人对"无欲"与"有欲"关系的认识和对待方法。具体应用于选人时需要考虑的有：要创业，需要放弃那些对钱都没欲望的人，那会"拖死你"；要慎用那些只有给钱才能有驱动力的人，那会"榨干你"；要远离那些眼里除了钱其他什么都没有的人，那会"搞死你"；要重用那些能驾驭钱的人，心有梦想并愿意走正路、愿意付出努力的人，这样才能互相成就。

元素9：上进心。具体应用于选人时需要考虑的有：找想做事、敬业、拼命、有激情的人。而那些没有目标，没有想法的人，就像大海里没有方向的小舟，任何风都不是顺风。想做事，且做事敬业、工作拼命的人，就算不是那么聪明，成功也只是时间问题。

元素10：配合心。具体应用于选人时需要考虑的有：找认真负责的、有团队合作精神的人。认真是一种做人、做事的态度。认真的人会自省、会反思，会努力创造一个更好的自己。认真是一种责任。丘吉尔曾说过："高尚、伟大的代价就是责任。"责不分大小，任无论轻重，重视工作，全心全意投入，把简单的事做好就是不简单。

元素11：放下之心。具体应用于选人时需要考虑的有：找心态好、耐挫强的人。通过询问他们以往被误解、被坑以及未成功的经历，与别人一起做事自己担当了什么角色，做了些什么，有什么感想，从中可以看出他们的态度、风格以及人际关系。

接下来，可以从招聘难的原因入手进行分类分析，从而决定如何开始。

2. 创业公司招聘难的原因在哪里

（1）大环境上，人才总量减少，新型社交类招聘工具增多，从而分散了平台中找工作的人数。

第六次全国人口普查结果显示，80 后人口数量为 2.28 亿，90 后人口数量为 17.4 亿，比 80 后少了 5 400 万，接近三分之一，而 00 后人口数量为 1.46 亿，较 90 后又少了 2 800 万，仅为 80 后人口数量的六成左右。

2011 年较 2010 年中国劳动人口净减少 350 万，之后每年净减少数百万，人口红利在不断减少，人才市场的劳动力数额在不断减少，因此招聘的可选择对象也在大幅减少。

同时，随着招聘网站、招聘手机 App 不断地推陈出新，应聘者也被分散到更多招聘平台上，在某个平台能看到的应聘简历数量自然也大幅减少，所以用人单位感觉近些年招聘难度远远大于前些年。

(2) 人力资源团队不成熟，招聘能力和招聘渠道有限

稍微有些规模的创业公司，由于人力资源从业人员不够专业，成熟度不够，所知道的招聘渠道有限，在招聘过程中，只要招聘宣传、面试筛选、面试通知、面试考评、接待服务、沟通协调、薪酬激励完善性中的某一环节出现纰漏，就会直接导致招聘失败。

(3) 招聘费用预算低，难以获得高端人才简历

创业前期，通常投入的地方多，产生效益的机会少，创业者能省则省是常态，这当然也可以理解，但是创业本身就是一种大的突破，这种突破是要付出代价的，一味地省钱，没人帮创业者做事情，创业很难成功。

(4) 面试者选择多，爽约的概率高于行业其他大公司

安排好的面试爽约是当前人力资源管理最头痛的事情之一。有时候通知了 20 多个应聘的，答应来面试的只有一半，最终真正来面试的往往只有两三个，有时候甚至会出现全部爽约的现象。

3. 怎样让你的企业更有吸引力

雇主在人力资源市场中的形象决定了企业招聘的难度。

雇主的品牌代表着求职者对雇主的一种信任、一种想象和一种预期。雇主品牌与商业品牌相似，雇主品牌良好，可以让求职者欣然接受雇主的岗位，并乐于其中，即好的雇主品牌自带吸引力，能够不断把优秀人才往公司里吸引，形成良性循环；差的雇主品牌就好像有一股无形的推力，把优秀的人才往外推，形成恶性循环。所以，对于创业者而言，要主动打造良好的雇主品牌，只有种下梧桐树，才会引来金凤凰。要增强企业的招聘吸引力，需要在以下几方面做工作。

(1) 找到你的商业模式，确定企业的使命和目标

如果做的仅仅是普普通通的小生意，是难有吸引力的；如果商业上有创新、

有特色，并且创业者能把这种创新和特色很好地描述出来，那将很有吸引力和号召力。

企业的使命和目标体现了创业者的格局、胸怀和志向，这是企业是否有吸引力的根本条件。

(2) 找到你与众不同的特色，并表达出来，先感动自己

找到你的特色，把事情上升到更高维度层面，让事情看起来更加高大上，苹果公司的乔布斯当初猎取百事可乐的总裁约翰·史考利时，问他："你是想卖糖水度过余生，还是想一起来改变世界?"结果史考利就愉快地被说服了。这个高度拔得很高，不过人家后来确实改变了世界，一个卖电子产品的一旦上升到改变世界的高度就会立马让对方臣服，这就是能力，百事可乐公司也是世界五百强，只不过被说成是卖糖水的，一下层次就不高了。因此，把你的观点套上一个高大上的意义，对于说服别人来说太重要了。

如果你所做的事的价值和意义，不能感动你自己，那就更难影响别人。只有先感动自己，才会影响更多人。

(3) 招聘录用条件要把关键点表达清楚

招聘广告不要连基本的职务要求都不做说明，给人产生一种谁都可以应聘的错觉，也不要过于夸大招聘条件，令应聘者望而却步。

对于某个岗位，招聘的人需要明白此岗位主要解决什么问题。再以解决问题为目的，找到这个岗位最重要的三个关键词，并表达出来，只要有大概的方向就好，不要有太多细节和限制，诸如学历、工作经历、技能等。当遇到了真正的人才的时候，你才会发现这些门槛是那么多余。

(4) 让语言、形式等较为独特，独特的才有魅力

好的广告语容易让人记住，也容易传播。选的点好，可以一句打动人心。在广告的特色上做文章，给广告赋予新意，能够更有力地吸引求职者的目光。

(5) 多渠道把自己宣传出去

酒香也怕巷子深。想要的人才在哪里，招聘广告就应该到哪里。你想要人才看什么，你的招聘广告就要想办法让他们看到。而且，尽量多渠道地宣传你的招聘信息，比如招聘网站、微信、微博、论坛、会议等，这些都是可以宣传的渠道。

(6) 面试窗口印象不能差

常言道，物以类聚，人以群分。只有优秀的人才能吸引优秀的人。招聘活动的组织者代表的是企业的形象，是应聘人员了解企业文化的一个窗口，其形象、言谈举止对招聘活动的成败有着很大的影响。

组织者与求职者约定面试时间后一定要守时，并提前通知与面试有关的人

员到位。对面试需要使用的资料、表格、道具要准备充分。为了提高面试效率，应提前拟定面试主题，在面试中，尽可能采取互动式，始终掌握面试的主动权，让应聘人员充分表现自己，尤其是如实反映其求职动机。

值得一提的是，当企业长时间找不到优秀的人时，管理者要考虑是否招聘者成了引进人才的绊脚石？

4. 让人才追随你，你给个理由

我们之前讲过，如果想成为“顶级专家”，则需要有“球架”思维。具体应用有：让人才追随你，你给个理由。优秀的求职者为什么向我们的竞争对手申请工作，而不愿意向我们申请？我们公司与其他公司之间的薪酬福利差别是怎样的？是哪些因素促使一些求职者最终选择竞争对手提供的职位？我们公司在招聘中最终取胜的因素是什么？影响我们公司招聘工作的不良因素又是什么？

让人才跟着创业者走，你需要了解人才，并给人才愿意留下来的充足理由。他们需要明确知道，短期内企业能给他们提供什么？中期、长期又能得到什么？而且得到的必须是看得见摸得着的，比较实实在在的。如果承诺做不到，还不如不说。

5. 招聘的方式、渠道有哪些

前面我们讲过，元素 4：“天梯 1”（分类思维）。它不仅可以应用于招聘难原因的分类分析方面，也能用在招聘渠道的分类分析。创业企业招聘，到招聘网站上发广告，初期效果并不好，主要还是雇主品牌没有建立起来，人才不了解、不信任。这个时期，委托周围的亲戚朋友推荐还是比较有效的，至少你的亲戚朋友是对你有所了解的，如果连周围的人都对你缺乏信任，创业者很难取得支持和成功。

你所熟悉的人是你的一度人脉，你熟悉的人推荐的人，是你的二度人脉，信任是可以传递的。一个比较有意思的现象是：很多做成业务、有深度合作的，往往不是一度人脉，而是二度人脉，甚至三度人脉。其中的原因可能是一度人脉太熟悉了，太知根知底了，二度、三度人脉是基于对朋友的信任的一种传递，只接受到好的信息，屏蔽了缺点及不足的信息，距离产生美，双方更容易产生好印象，也更容易达成合作。对于亲友的推荐，一定要大力答谢，这会激励他们源源不断地推荐他们认为适合你企业的人才。

不过单单靠人脉渠道还是不够的，要扩大影响，还要扩大渠道。可选择的招聘渠道有：

（1）一般人才可用：51JOB、智联、猎聘、58、赶集、拉勾、脉脉等。

（2）专业人才可以到专门的论坛、社群去找，如：蓝色理想、鞭牛士、42 区、水木、javaeye、csdn、pmcaff 以及各种各样的专业性论坛。

(3) 上微博，看某位大牛的跟随者，一个一个地看，看他们的 twitter、博客、Google Reader 分享，想办法找到邮箱、电话或是留言联系。上豆瓣，前端、后端挑几本重量级的书，去找想看、看过、正在看这本书的人。

(4) 自媒体是自己的阵地，运营好自己的新媒体招聘渠道，吸引的是有兴趣、认可平台的候选人，效率会很高。

(5) 在用户、客户中找，这些可能就是你的粉丝，粉丝转化成全职伙伴，其认可度高，沟通成本低，管理起来更为方便。

(6) 对于重要岗位，如果通过各种渠道和方式还没有找来合适的人才，且因此已经影响到你公司进一步大发展，那就果断启用猎头渠道。猎头的专业性和丰富的人才库积累，可以高效准确地提供所需人才。时间就是财富，人才早到岗，公司早创收，猎头费用虽然高，但这是一种人才投资，投资回报远远高于所付服务费。因此，猎头用得起就用，因为效率高、回报快。

总之，创业初期招聘效果最好的渠道是亲友推荐、内部推荐，要取得更好的推荐效果，最好设立大额伯乐奖励。

古代有《千金买骨》的故事，说的是古代一名侍臣为君王买千里马，却只买了死马的骨头回来，君王大怒，侍臣解释说，如果大家看见君王连千里马的骨头都肯用重金买回来，就会认为君王是真正想要高价买千里马，就会自然而然把千里马送上门来。后来果真如这位侍臣所言，不到一年就有几匹千里马被人送来。同理，创业者如果真的十分渴望和重视人才，也需要拿出千金买骨的实际举措出来。

另外，建议创业者多交几个猎头朋友，对团队的搭建和管理以及公司的发展肯定没有坏处。

猎头是企业的人才战略专家，对于企业来说，猎头是编外的人才发展中心。猎头知道行业大咖、牛人在哪里、想什么，能洞察企业里存在的问题，哪些问题是可以通过哪些人的入职而得以解决的。猎头面人无数，有着洞彻的眼光，看人入木三分，态度认真负责，立场客观中立，评价准确公正，分析系统全面，能够及时为企业提供所需的人才。

猎头有着行业全局观，会站在整个行业、整个产业链的高度来看待问题，这种全局观会让猎头看到更多职业经理人看不到的内容，而这些内容往往是他山之石，可以及时帮助创业者了解行业动态、预知行业变化趋势、洞察企业问题根源，并提出解决建议。

猎头有着广博的人脉，手上都是行业精英、职场人士的典范，有着各种有价值的信息。创业者厚待朋友，让猎头朋友熟悉自己，当他遇到对你有用的资源时自然会主动推送，让你更有效地整合有利于你企业发展的人才、信息等资源。

习近平总书记提出的“聚天下英才而用之”，对于创业者而言，可以先从结交猎头朋友入手。

6. 怎样筛选出你的真正伙伴和好用的人才

怎样筛选出你的真正伙伴和好用的人才，似乎可以从“什么样的人才是你篮子里的菜？你应该找怎样的人？”中找到答案，其实不然。任何组织，最难的是对人的识别。我们根据本书第 4 章的五行模型原理，研究了一套问卷测试和运算方法，由于内容较多，此处不再展开。

8.4　培训是统一价值观、提升战斗力、推进管理的重要法宝

美国企业管理学教授沃伦・贝尼斯曾说：“员工培训是企业风险最小，收益最大的战略性投资。”新员工进入公司后，管理者可通过“呵护”式的沟通，在岗位技能方面给予其帮助引导，使员工很快了解企业文化，融入团队，掌握岗位技能，让新手尽快变成熟手。

新企业，找到人组合在一起，一切都是新的。如何统一思想，统一价值观，统一做事的方式，统一目标？答案是培训。

培训是指引新员工学习和明确公司价值观的一个难得的机会。设计一个好的新员工培训计划可以快速提高新员工入职上手的效率。

1. 新员工培训计划注意事项

(1) 让新员工尽快融入、尽快成长

人员陌生，难以愉快合作，新人之间需要花费很多时间来和其他同事搞好关系，帮助新员工快速融入团队很重要，尤其对于内向的人，组织团队活动是很好的互相认识、了解、熟悉的方式。

创业初期人手紧缺，而培训新员工还要再占一部分人力资源。这就要求入职培训的效率一定要高，这也符合新员工急于证明自己的心理。

导师制是一种快速提升新员工能力的方式。首先要达成共识：强调入职培训的重要性，明确带新人对老员工的好处。然后让老员工花费自己 20%的时间去带新人，尤其在新人入职前几周的时候。导师要做的事情有很多，包括指出需要学习的技能和技巧、工作次序的优先级、工作的具体方法。

(2) 公司的文化和价值观要尽快统一

每个创业公司的文化是不同的。尽管新员工可能已经从招聘面试和宣传材

料中了解了一些。但文化毕竟抽象,需要反复学习强化,入职培训是一个让他们进一步了解公司的机会。公司文化价值观要渗透在工作的方方面面,比如完成业绩、客户服务、产品开发、生产品控等领域。

(3) 培训主要内容是胜任工作的技能技巧

在前两至四周内,可以安排一系列新员工培训,根据具体工作内容精心设计,教给他们一些重要的工作技能和技巧,并给予训练和辅导,帮助他们逐渐独立完成岗位工作,这将为他们今后工作的顺利开展起到重要作用。如果要尝试更复杂的培训,可以请团队中的专家、管理者参与,这样不仅可以使培训内容更严谨,也可以营造积极向上的企业文化。

2. 培训能解决什么问题

培训是希望被培训的对象能解决问题。那么,培训能帮助企业解决哪些问题呢?

从绩效的角度,绩效的达成需要三个大维度的内容,即:方向、动力、能力。培训可以进行方向性的宣导(解决员工知道不知道的问题),可以提升部分能力(解决会不会的问题),但能解决动力的问题吗?动力主要是指意愿度,想不想做,愿不愿意做得很好。资源匹配度高,利益高,意愿度就会强。如果资源匹配度低,利益少,这个是机制问题,不是通过培训能解决的问题。

因此,培训可以解决知道不知道、会不会、习惯不习惯的问题。

3. 培训是推动管理的好方法

如果创始人想让管理团队按自己的要求管理员工,那么管理培训是最好的着手点。

通过管理培训,创始人可以告诉管理者,自己期望他们怎样管理员工,比如希望他们定期和员工一对一面谈、定期对绩效进行反馈、定期培训员工等。

这些对管理者的期望,都是创始人的期望。所以,管理培训的课程最好由创始人亲自教授,至少,有关管理期望的课程应该由创始人来上。后面,创始人可以挑选出团队中最优秀的管理者,去教授其他课程,并让管理者们将参与这些课程变成自己的一种荣誉。

在管理课程的学习过程中,结合公司要推行的工作、任务,一边学习,一边用学到的共同语言交流,用掌握的工具去落实,用学到的经验转化成公司的管理制度,这样管理的推动就变得简单有效。

4. 让分享学习成为公司常态,推动公司成为学习型组织

公司需要从不同部门挑选出不同领域的精英,给其他员工分享自己拿手的

技能，比如谈判、面试和财务等方面的培训。这样一来，不仅能培养普通员工在这些方面的能力，还能鼓舞士气。而那些被挑选出来讲课的员工，也会把讲课当成一种荣誉。

5. 怎样让培训更有效果

(1) 找准需求是前提

深入业务部门一线实际，分析一段时期内存在的阻碍工作的难点、重复出现的问题点。选择其中之一，对比各种成功案例进行分析。打一场关键点上的战斗，以解决实际问题为出发点，设计、开展有针对性的培训。在各部门不认为自己有这个问题，或者大家对培训的作用没有较为明确的认知(或信任度)前，千万别直接开展培训，否则十有八九都会失败。

培训前，也要让学员带着预习、问题和思考，做好学习前的充分准备。

(2) 培训形式活泼多样，吸引力强

培训形式多样化，让培训充满趣味性、互动性、竞争性，如此培训课程本身就能激发出学员的活力、热情，能够吸引学员的眼球，让人全身心地投入，培训就成功了一半。

(3) 讲师选择也很重要

讲课是需要技巧的，好的老师能引人入胜，差的老师能让学员觉得课程很无趣。企业多花点钱，找个有经验的好老师，可以事半功倍。由于企业在创业期需要招聘的员工少，培训的项目也一般都是直接业务操作，因此这些工作可以由创业者兼任。通过这种形式的培训可以增进创业者与员工之间的感情，又能提高员工的个人技能，提高企业的整体运作效率。

(4) 训后跟踪督促，保证问题得到持续性解决

知道问题所在，掌握了解决问题的工具和方法，培训就结束了吗？当然不是。管理者需要了解员工解决问题、效率提升的结果。同时，对培训内容设计的精准度、授课方式是否合适等进行新的评估和反馈。不是培训完才思考如何评估培训的价值，而是在培训前就该将整个培训流程设计好。

(5) 培训应与考核相结合

培训应该与考核结合起来，要与晋升、加薪挂钩。很多事实证明那些逐步进入状态的员工，会更踏实地做好自己的工作。同时需要注意，对于那些心态不好，总是满腹怨言，或是唯我独尊、和企业不合拍的人，即使个人能力再强也不能留。对于爱学习，不断提升自我的人，伴随其业绩提升，自然成为晋升的对象，这个也要公司管理制度上提供保障。

对于创业公司来说，培训员工也可以说是在为公司的成长积累原始资本。

8.5 有针对性且到位的激励，才是留人的有效手段

激励无定法，有针对性，简单有效，就是最好的激励。

优秀的创业者可以持续将企业的组织目标和员工的个人目标统一起来，也就是尽可能地满足员工的工作需求，并达到组织目标。当然，能达到这种效果的前提是关心员工。

1. 激励要简单易行

根据创业期小企业的特点，创业者在制定激励方案设计时应当考虑激励方案的简单易行。创业阶段企业规模不大，内部机构设置简单，员工数量相对较少，这些决定了激励方案也简单。而且，该阶段企业最重要的是能够渡过创业期。由于该阶段收入来源少，支出较多，资金比较匮乏，激励方案应尽量少采用物质激励形式，精神激励其实也很重要。对于创业团队合作伙伴来说，充分地实现自我价值才是最有效的激励。对于普通员工，由于他们的需求层次不高，所以即使在企业困难的情况下也一定要满足其基本物质需要，让他们感到自身的重要性。

2. 内部管理制度化，可以简单，不能没有

想要让激励有效果，先要让人才相信企业。通常，白纸黑字的制度比口头承诺更容易让人相信。企业管理混乱，员工无所适从，这也是民营中小企业人才流失的重要原因之一。因此，要营造吸引人才的良好环境，必须实现企业的规范化管理：一是企业内部有健全的规章制度可遵循，以此给员工安全感；二是在人力资源管理各环节应摒弃经验管理，真正做到科学管理；三是建立制度化约束机制，一方面，企业要为员工发展创造好的环境，增加自身吸引力，另一方面，也必须制定相关的制度，对员工流动进行管理和控制。

3. 激励的现实问题

(1) 你知道企业骨干想要什么吗？

不要自己猜想，一定要坐下来交流，只有明确知道企业骨干的动机，才能按需给予满足，才能起到激励效果。越俎代庖的管理者，常常忘记员工更有自我实现的需求，他们渴望成为能创造价值甚至是创造最大价值的那一个，而管理者的越俎代庖就是在阻碍员工的快速成长和发挥其才能。

(2) 你能满足企业骨干主要的愿望吗？

只要不过分，只要付得起，只要付得有价值，就一定要帮企业骨干实现主要愿望，这能激励他更加努力。

(3) 大公司开一万工资,你能开一万二吗?

创业公司没有优势,要想和大公司竞争,关键人才的薪酬不能低,只能高。关键人才的薪酬高于大公司没有问题,不重要的人员,工资可以低点,否则创业企业没有利润,就要喝西北风了。

(4) 大公司用戴尔,你能配 MAC 吗?

创业公司对于关键岗位,可以咬咬牙,配!

(5) 大公司早晚要打卡,咱们保质保量时间自由可以吗?

只要能把目标任务完成,可以时间自由,这也是创业公司的优势,即灵活性。

(6) 大公司管理严,咱们可以带着孩子、带着狗来上班吗?

可以,前提是不要影响自己和他人的工作。只要员工能做好事情,让他带孩子或宠物来上班又能怎样?

(7) 在大公司只能做个螺丝钉,咱们可以尽情施展你的才华

的确,小公司需要员工是全面手,最好十项全能,真的可以让员工尽情施展才华。

其实,创业公司也不需要样样都比大公司好,只要有一项或几项比竞争对手好,就可以吸引一批人才加盟了,否则人才凭什么喜欢创业公司呢?还有精神鼓励,不花多少钱,尽量多用,也是很有效的。

4. 股权期权激励

有人说创业者画一个大饼,不要担心这个大饼会不会画过头。

创业公司招到了高人,要大胆地提拔使用他们,也要慷慨地激励他们,并且牢牢地留住他们。高人当然都是值钱的,但是创业公司现金太紧张,只能画饼充饥,把公司的股份拿出来慰劳一起打天下的伙伴们,创业公司的股票犹如一张张美丽的图画,对于相信的人来说,它就是钱,而且是大钱,在不相信的人眼里,就是一张废纸。

创业公司里的股份和期权意味着公司的未来,创业者确定公司最初的股权、期权价值的时候,如果犯了错误,日后进行修改调整很有可能要付出巨大的代价。

创业公司股权激励的三种常见方式如下。

(1) 现权激励

现权激励。现权激励就是被激励的对象直接获得公司股权,成为公司股东,享有创业公司股东的权利并承担相应义务。这是最直接、最有效的激励方式。

股权赠与。赠与是股权激励中最激进的模式,足够表达对激励者的信任和信心,一般由创始人与创业团队员工签署股权赠与协议,但需要缴纳 20%的所得税。

原值转让。相对于股权赠与，按照公司注册资本价格，由创始人将股权转让给被激励员工，可以在一定程度上减少税收，但如果公司的净资产值高于注册资本，也需要税务部门核定纳税，但仅就增值部分缴纳所得税。

股权代持。对于创始人授予股权的，也有采取协议方式约定股权代持关系，而不再办理股东的工商变更。通过协议明确，被赠与方所持有的股权由赠与方暂为代持，被代持方虽未登记为公司股东，但从协议角度，其作为赠与方，已经完成股权赠与，受赠方虽不持有公司股权，但其股东权益受《中华人民共和国合同法》的保护。这种情况下，应当召开股东会通知其他股东参与，明确代持方与被代持方的关系，至少保证对内部股东的约束力。但代持方式对外部不知情的第三方并不具有对抗效力。

低价出资，由被激励的员工以较低的价格购买创始团队股权，或者以较低的价格增资成为公司股东。两种模式，后者更适合。股权转让方式是创始人与激励对象之间发生交易，股权转让的价款直接给了创始人，没有发挥资金对创业企业的最大效用；而员工出资方式，资金直接进入创业企业，更能发挥资金效能，对于被激励的对象也更有激励作用。

（2）期权激励

期权就是基于未来，由公司设定一个优惠条件，给员工在未来某个时点购入公司股权的权利，员工可以根据行权时公司的状况，选择购买或者不购买股票的权利。股份期权是上市公司股权激励中最常用的手段，对于非上市公司，由于激励标的并非股票二级市场上交易的股票，因此并不涉及行权时的公开市场价。但对于创业企业而言，由于其股权的价值与其业绩、行业空间、产品等都有极大的关系。所以，创业公司可以考虑期权模式，并辅之以明确的行权条件，从而达到激励效应。

期权定价。创业公司所属行业的差异很大，期权价格定价因素也完全不同。可以根据公司的净资产值、业绩目标综合来确定，在利润增长率、净资产收益率等基础上，计算未来期权的定价。简单一些的，可以参考同类创业公司私募股权投资估值，员工股权激励在此基础上进行折价。期权价格的关键是对公司未来市场价值有明确的核算，并以此给予员工足够的优惠折价。

行权条件。在确定期权价格的基础上，依据公司发展预期目标，设定激励对象购入股权的条件，一旦达到既定行权条件，员工则有权决定予以实施。具体行权条件，可以参考公司的主要业绩目标。

行权时点。期权方案在股东会审议通过后，即可确定一个合理期限实施。一般对期权授权日与获授期权首次可行权日之间的间隔不少于 1 年，以避免短期利益的调节。

(3) 虚拟股权激励

虚拟股权一般只有分红权，而无其他股权权能。虚拟股权的股东不会出现在工商登记的股东名册上，除非经第三方认可或明知，一般并不具有外部对抗效力。

虚拟股比例。虚拟股份数额一般不会设定超过注册资本的15%(也有例外)，以免影响其他实际持有股份者的权益；当然也不能设定太少，不然无法发挥激励效应。

虚拟股价格。员工获得虚拟股有两种情形：一种是需要真实出资，出资不计入公司的实收资本，而是挂在公司的其他应付款上；另一种则不需要出资，由公司确定虚拟股份比例即可。对于购入虚拟股份的买入资金，根据来源可分为两部分：公司的税后利润中扣除一部分资金用于员工买入(相当于创始人的赠与)，也可以在员工奖金中扣除一部分(这个需要事先明确机制再扣除)；买入价格，可以按照公司净资产值确定，也可以是其他定价机制。

虚拟股分红。分红是在确定公司当年分红业绩后，根据虚拟股份的占比进行实际分配。虚拟股的实施，对创业公司的现金流要求比较高。

创业公司的股权可不能搞平均主义，千万不要相互客气相互谦让，而是要坚持一个公司里必须有一个核心人物，坚持贡献多的人就应该多拿些股份，贡献少能力差的人，就相应地少拿股份。比如说可以拿出一部分公司股份按照出资比例来确定，另外一部分按照创业团队的能力贡献进行差异性分配。创业公司的股权要尽可能合理化地分配，这样才能保持团队长期合作的公平性。创业者们应该开诚布公地从第一天就合理分配公司股权，关键的问题大家要丑话说在前头，不留任何后患。

5. 创业公司的绩效管理

绩效考核体系是创业团队重要的管理体系，一切权力的下放、组织体系的建立其最终目的都是为了提升业务绩效。

很多创业团队在初期都是采用以结果为导向的管理方式，虽然方向是对的，但是执行的方式有时是错的。很多时候没有建立绩效考核制度，很多时候都是部门领导审核，口头评定，存在很大的弹性，对团队来说很容易制造不公平，对内部氛围造成不良影响。

因此，即使是以结果为导向的团队管理，也要事先形成书面的绩效定义，包括项目周期、项目成果、突发处理机制等书面的项目管理文档。

现在协同软件比较多，基于SaaS软件建立绩效考核体系可以给创业团队带来极大的便利。绩效体系不光是制度层面，也要从文化层面去融入。一切绩效的产生都是团队价值的输出，是团队的立身根本。

绩效管理主要靠四个步骤：定目标、盯过程、要结果和做奖罚。

第一步：定目标，就是如何设定一个能够让团队容易理解并接受，且可执行的目标。首先，定的目标不能太小，要跟三年、五年的战略一致，这样目标的前一两年就能照着这个方向不断前行，并和最终的愿景保持一致。其次，要根据竞争对手、市场的变化来制定一个"跳起来才够得到"的目标，这个目标一定要符合SMART原则。当然，定目标不是一个简单的目标分解动作，在定目标的过程中，管理者必须根据之前定的路线、周期来重新分解；必须要有协同机制，即明确每个团队做哪几步，通过哪些组合最后可以拿到一个什么样的结果。

第二步：盯过程，就是如何更好地执行目标。当目标确定以后，管理者要做的就是每个阶段都对目标的执行情况进行观察，具体而言就是要在过程中根据竞争的变化情况和客户的满意情况，以及公司的战略部署及时调整策略和目标。比如有些公司采用晨会制度就很有效。在晨会上，领导了解下属昨天做了什么，今天打算做什么，以及为明天准备了什么。在盯过程当中，管理者能根据实际情况随时调整策略，调配资源，最终完成组织目标。

第三步：要结果。绩效的"效"就是结果的意思，"定目标"和"盯过程"的目的就是为了要得到结果。这里需要注意的是，绩效不等同于KPI，不要把调整目标和完不完成绝对地对立起来。一个好的指挥员都是永远在战斗当中不断调整或者优化策略，最后才能打胜仗。

第四步：做奖罚。当团队在总结、分配相应激励机制的时候，我们要把资源倾斜给有过程、有结果的人。奖罚一定要做实，结果好坏一样，优秀人才就没有动力。同时，要让团队知道你为什么奖励，为什么惩罚，这样才能让团队调整他们的策略，调整他们本身的行动，一起来挑战更高的目标。

创业公司绩效管理注意事项如下。

(1) 指标数量不要多，一般不超过3个

处于创业期的企业，要做的事情很多，但很多事情都还不规范。此时开展绩效管理，用最简单的方式即可。企业的人力资源不用过多地考虑到底是用KPI，或者BSC还是OKR？也无须为了大而全的指标想破头。这个时期，绩效考核指标的数量一定要少，且越简单明了越好。如果不知道什么样的指标比较合适，可以采用"业绩军令状"的形式，列出最核心、最关键的任务的数量、质量及完成的时间节点，并标明奖罚的内容就行。对部门和岗位的管理，都可以用"业绩军令状"的方式。

（2）考核周期不要长

处于创业期的企业，重要的是让员工养成有绩效管理的行为习惯，所以在考核周期的设置上，宜短不宜长，一般以一两个月作为一个考核周期比较好。若周期过长，员工可能已经忘记有绩效管理这件事了；当然周期也不能过短，否则员工还不能养成绩效管理的习惯。另外，处于创业期的企业面临的变数更多，可能会经常调整业务方向和重点任务，因此考核周期短也便于企业进行接地气的绩效管理。

（3）奖惩灵活，多选择

绩效管理一定会涉及有奖有罚。处于创业期的企业在开展绩效管理时，奖罚方式可以比较灵活。如奖励方面，可以进行物质奖励（奖金、团建费用等），也可以奖励荣誉称号、假期（允许带薪休假等）。惩罚方面，一般不建议将扣员工工资作为惩罚方式，这样容易引起员工的反感和抵触情绪，不利于绩效管理工作的进一步开展。可以公开表态、发未达标旗帜、做俯卧撑、剃光头等，也可以与员工协商，让员工自愿同意在休年假期间返回公司上班（休年假是员工的权利，员工可以自愿放弃）。

6. 创业公司薪酬管理

对于少于 50 人的初创公司来说，首先基本不需要结构化的薪酬设计，其次一人一议，根据公司想要的人才的市场行情、人才要求和你的心理价位直接定薪酬。这个时候借鉴大公司的薪酬制度可能会严重影响公司的人员招聘，耽误公司的业务发展。

这个阶段，创业者应该把主要的精力放在产品和商业模式以及业务推广上，先想办法把人员招进公司，一起解决生存问题。

当公司人数达到 100 人左右，公司发展继续向好，这时就要开始进行薪酬设计。在这个阶段，薪酬设计更偏重于期权设计和制定简化的绩效考核体系。同时，处于这一阶段的企业还需要着手建设合理的职级体系，确保组织结构的灵活多变。

当公司人数达到三五百人，处于增长性和盈利能力都较好的增长阶段时，薪酬设计就要偏重于传统的薪酬体系和特色福利体系的设计。这时，要建设更为科学的绩效考核体系，进行基于量化分析的人效管理。同时，还要通过职级设计来保证组织结构的稳定性和灵活性。

目前，大部分企业按照工作效率来设置薪金、奖金制度，但单纯的薪酬政策不能满足所有员工的个性化需求。比如，有些员工不要求高薪，而期望良好的工作氛围、职位的升迁或是自身价值的实现等。由于企业没有全面了解员工需求，而单一用金钱激励的方式，使得激励效果不明显，不利于充分调动员工的积极性、主动性和创造性，更不利于员工潜能的发挥。

创业公司薪酬管理的常见问题如下。

(1) 销售管理人员要与自己的销售业绩挂钩吗?

销售管理人员的销售激励方式通常有两种形式：一是他们有明确的个人销售业绩，采用与销售人员一样的销售提成机制；二是采取年薪制，销售管理者只为公司或者组织总销售业绩负责，不承担个人销售指标，采用年薪制或提成，同时考虑是否附加年终利润分享计划，充分激励他们的积极性。公司更需要什么，就奖励什么。通常销售人员少的时候，考核管理人员个人业绩，当销售人员超过5个时，建议重点考核组织业绩，与团队销售额挂钩。

(2) 销售奖励与销售额还是与利润挂钩?

关于销售人员佣金提取的方式，有些公司采取按销售额提成，有些公司是按利润额提成。创业新公司一般采取前者，因为后者需要公司足够透明，而一般的企业是做不到的。

(3) 新人比老员工工资高怎么办?

创业公司发展快，往往会出现新人比老人贵的“薪酬倒挂”情况。解决薪酬倒挂问题的最好方式是在招聘阶段就学会放弃。如果候选人的能力远远高于岗位要求，公司短时间内无法提供与其能力相匹配的岗位，这些人加入后离职的概率会比较大。

如果新人已经高薪招进来了，那就要思考，如何运用绩效考核做好调薪工作。如果新员工没有超过老员工的绩效水平，那么，新员工的薪酬涨幅要低于老员工。如果新员工的绩效高于老员工，给新人较高的涨幅，大家的接受度一般会比较高。

(4) 提成太高，老板不赚钱怎么办?

创业初期，很多创业者觉得业务难做，有时会把提成点设高一些，以增强大家的信心。结果发现钱都给员工赚了，再想调下来，难度是非常大的。这就需要一开始设定一个合理的奖励区间，刚开始为了提高激励性，可以设高提成点，但要做个说明：目的是短期激励，有时效期限。这样就不至于员工误解老板不讲诚信。

(5) 创业公司怎样的薪酬结构才算合理?

对于过分压低薪水抬高期权价值的做法，90%的人不接受，因为创业早期很多人认为期权没有太大的意义。创业是用现实的方法来实现梦想的过程。

创业公司比较合理的薪酬结构是：略低于市场价的薪水＋丰厚的期权，

整体收入要高于市场平均水平，这样比较有利于推动公司健康、良性的发展。

8.6　果断割除“脓包毒瘤”，让创业组织更健康更有生命力

有些人员给企业造成的负面作用远大于其为公司所创造的价值，这些人员可以称得上是企业的“脓包毒瘤”，一定要立马辞退他们。不要害怕炒人，让不适合公司发展的人一直待下去也是耽误他的时间。换个工作或许对他的职业生涯有更大的帮助。企业中的“脓包毒瘤”通常有如下表现。

（1）牢骚满腹、抱怨不断

对现状不满，对领导不满，经常发牢骚、抱怨，给整个团队泼冷水，泄士气。

（2）假公济私，只为自己

不仅不把所有精力放在公司，而且经常利用公司资源，接私活赚外快。不参加团队建设，也不分享经验。有的带着整个团队另立门户，经营与原公司相似的业务。

（3）弄虚作假，欺上瞒下

虚假发票，虚假业务，贪污腐败，当面一套，背后一套，你都不知他每天在想什么。

（4）私事太多，请假随意

上班兼做淘宝店，每天上班发货，下班收钱，周末代购，不亦乐乎。请假随意且频繁，关键时候找不到人，有时连电话都打不通。对于这种员工，即使他不拿工资免费干都不能要。

（5）常犯错误，屡教不改

人非圣贤，孰能无过，工作中犯错在所难免，但不能固执己见，屡教不改。有些员工，大错不多，小错不断，指出错误，表面应承，但坚决不改，江山易改本性难移。另外，在核心业务工作细节方面经常犯错、屡教不改的人，也必须辞退。

（6）长期末位，不思进取

心思不在工作上，不用心、不努力、没有业绩，无法激励其为公司做出业绩。这种情况，不采取末位淘汰也是对其他努力员工的一种不公平。

关于辞退员工的注意事项如下。

（1）充分准备，铺好后路

要准备好接手人选，工作要有人立刻跟进，比如客户的衔接，马上派一名更加有经验的同事去打理。不能因此影响工作。

(2) 态度客气,果断不悔

炒人鱿鱼,人家会有心灵创伤,尽量对人客气,表现出足够的尊重。同时要果断处置,不能因对方痛哭流涕而心软改变主意,否则后患无穷。

(3) 平静对待,安抚人心

炒人要理由充分,让人心服口服,让被炒者有发言的权利,让人有机会发泄心里的不平,但局面要控制住,对被炒者应仁慈一些,按《中华人民共和国劳动法》的相关规定该给的给足,多给一点补偿也没什么,想想这个人如果继续留在公司不出力,工资还得一个月一个月不停地发。

公司炒人,难免会人心惶惶,需要做好安抚工作,让其他员工觉得只要自己往正确的方向努力,就不会被炒,即使下回炒鱿鱼轮到了他们自己,由于公司的公平、公正和大度,结果也不会令人担心。

公司辞退不合适的员工,本来五个人的工作现在三个人做,发四个人的工资额,创业公司的优越性也发挥出来了,员工的责任更大,个人收入也更高,干劲和士气会更高。

8.7 小结与讨论

如果创业企业将人力资源管理当成狭义上的人力资源管理,就难以做好人力资源管理工作。如果将人力资源管理概念提升到超越传统人力资源管理理论范畴,甚至提升到超越传统经济学与管理学的概念范畴,从战略的角度,从业务实际需要出发,解决人力资源管理中的实际问题,才有可能做好人力资源管理工作。

如果将人力资源管理中的培训,当成是狭义上的文化、价值观和能力等方面的培训,就难以培训出各岗位所需的各类“顶级人才”。本书 5.3 节的内容就已经超越了传统的培训概念,只有如此,才有可能做好人才培养工作。

创业者借助各类管理工具,不忘初心,回归源头,从自身目标出发,要什么,做什么,怎么做,从“底层”逻辑思考,充分考虑人才特点、个性需求,从实际出发,做出符合人性的决策和行动。

只有搭建好一个良好的事业舞台,规划好一个美好的愿景,种好梧桐树,才能引来金凤凰,辨别出人才特长,用人所长,避人所短,做到人尽其才,各尽其能,这样才更容易发挥人才的主观能动性,推动事业的落地执行,推动创业的成功。

第 9 章
12 智慧元素在企业创新中的应用方法

创新在五行模型中属木，五行不可缺木。创新就是面向未来、拥抱未来，很难想象，不关心未来的企业会有怎样的未来？

9.1 企业创新管理“底层理论”

与战略理论、财务管理理论、人力资源管理理论相类似，创新理论也可以有很多，我们在此不做展开。根据本书先前章节对于底层的“存在”的描述，同样可以推导出关于创新管理的“底层理论”。

本书第 2 章中讲过 12 智慧元素中的“南北极”和“赤道”的概念。其中，“南北极”的概念包括：①要什么？如何开始？②因果关系（函数关系）；③人性；④概率与数理统计。“赤道”的概念包括：①假设与推导；②变化之道。我们可以根据“南北极”和“赤道”的概念推导出创新管理的“底层理论”，推导方法如下。

创新管理，其底层的“要什么？如何开始？”，即创新的多目标分类与分析，具体应用方法是：①按人性进行的目标分类。创新的产品或者服务，一定是为了满足人的需求。人性的本质是：贪图方便、贪图舒适、贪图快乐享受等。例如：因为“贪图方便”而使交通与通信技术得以发展，因为“贪图舒适”而发明了空调，因为“贪图快乐享受”而发明了电视机。总之，穷举所有人性的弱点和贪婪，从而可以列举许多创新目标体系。②根据竞争需要，对同行的技术发展进行分析，从而列举目标。③根据相关技术的发展趋势来列举目标。

目标是“果”，即函数的因变量，然而要实现目标，就需要因，即函数的自变量。具体地讲，就是分析企业自身投入创新的财力和人才基础。

人性既体现在上面的需求分析中，同时又体现在知识产权的保护中。

与财务管理的“底层理论”中关于资金到位概率的分析类似，对于企业创新同样可以进行成功率分析。创新的本质是假设前提的改变与推导。未来趋势是动态的，因此，在创新管理过程中，一定需要对未来趋势进行动态预测。

通过上述推导,我们就可以得到企业创新管理的"底层理论",如图 9-1 所示。

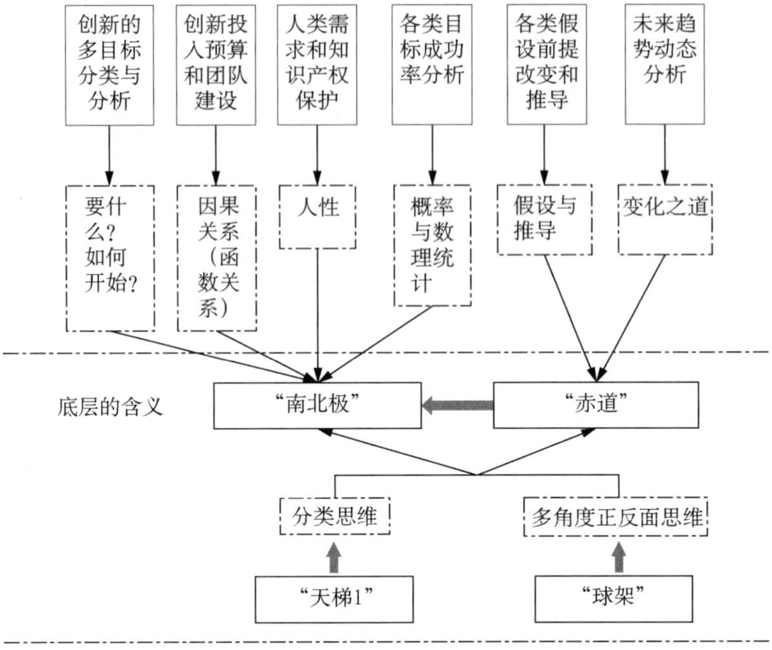

图 9-1 底层与创新管理的"底层理论"

9.2 12 智慧元素在企业创新管理中的应用方法

1. "智慧入门"与企业创新管理

智慧入门有三种方法:①"无欲"与"有欲"的关系认识和对待方法;②"当下"原则;③复卦。

第一,"无欲"与"有欲"的关系认识和对待方法。正如进行投资不应过分将欲望放在赚多少钱上一样,企业在进行创新这一项复杂工程时,也应遵循"无欲于果,有欲于因"的原则。管理学大师德鲁克在其经典著作《创新与企业家精神》中罗列了七种创新来源,而意料之外的事件就是其中重要的一种,这说明部分企业的创新具有不可规划性。正因如此,企业管理者和研发人员不应对最后的创新产出(包括新产品市场占有率、专利数量等)给予过分关注,而应下功夫去探寻创新本身的规律,掌握创新产生的底层逻辑。实践中,通过"无欲于果"而得到重大创新的案例有很多。

【案例 1】 1928 年,弗莱明正研究导致人体发热的葡萄球菌。有一次,他外出度假，3 周后当他回到实验室时，发现一个培养葡萄球菌的培养皿没有盖严实，弗莱明惊讶地发现，金黄色的葡萄球菌一边长出了一团青绿色霉菌。他经过多次实验，发现了葡萄球菌的克星——青霉素。

【案例 2】 19 世纪末，德国物理学家伦琴在研究阴极射线时，把房间全部弄黑，还用黑色硬纸给放电管做了个封套。当他切断电源后，意外发现一米以外的一个小工作台上有闪光——这是一种新的无形的射线。他在妻子的手上测试，发现光线会穿过皮肉、木头和其他物质，但不会穿过金属和骨头。因为不知道如何称呼他的这个意外发现，所以就取名为 X 线。

【案例 3】 3M 公司素以勇于创新、产品繁多著称于世。3M 公司证明了一件事，那就是当公司愈是刻意要创新时反而愈是不如其他公司。利贴便条就是一个很好的例证。当时，利贴便条是因为一个药剂师不小心弄混了实验用料而意外诞生的，而并不是依循精密的计划而得到的，但这却为 3M 公司带来了巨额收入。

第二，"当下"原则。"有欲于因"就要求企业在日常创新活动中贯彻执行"当下"原则。佛学有一句行话叫"没吃三天素，就想上西天"。这世上绝没有一蹴而就的事情，那些成功的大师和匠人都是经历了漫长的努力。企业创新亦是如此。从创新来源的角度看，知识推动也是非常重要的创新来源，因此企业就应当有欲于当下创新活动中积累知识，以此来推动企业创新。

上面【案例 3】中，3M 公司的研究人员通常最关注的是先解决当下的技术问题，然后再考虑这种技术可以用在什么地方。在创新方面，整个 3M 公司都非常有耐心，他们明白一种新技术要想结出果实，可能需要许多年的时间，所以只有注重当下，走好每一个创新过程，才能取得突破性创新。

第三，"复卦"。"复卦"的运用将在本章第 7 点中结合"南北极"这一元素来共同阐述。

2．"福德入门"与企业创新管理

企业创新需要团队和外部合作，IBM 公司曾经做过一个统计调查，他们发现 80％的创新都来自外部合作伙伴。有福德的人才会有团队与外部合作。例如：爱因斯坦的广义相对论的物理思想是他本人的，但他却缺乏数学工具和数学技巧。幸运的是，爱因斯坦的好朋友克罗斯曼在黎曼的著作中发现了被物理学家们忽略了 60 年的"黎曼度规张量"，并向爱因斯坦讲解了黎曼的著作以及"黎曼度规张量"的原理，这才有了后来的广义相对论。

3．"上进心"与企业创新管理

上进心对于企业而言，就是不断谋求发展之心。上进心对于企业创新而言也是至关重要的。

国有企业和民营企业在创新能力方面的比较就可以很好地佐证这一观点。经济学家魏尚研究发现,民营企业的专利授予量显著高于国有企业。另外,全国研发经费占 GDP 的总比例大概在 2.5%,而央企研发费用占其总收入的比重却只有百分之一点几,低于全国平均水平。对比来看,像百度这样的民营企业,研发费用差不多占总收入的 15%。国企虽然掌握了许多重要的生产要素和社会资源,但在创新方面却远远落后于民企。究其原因,国有企业在能源、冶金、航运、电信、金融、军工等国民经济的重要领域中一直处于垄断地位,这在客观上使国有企业即使不创新也照样可以获取高利润,没有压力就没有上进心,没有上进心也就失去了创新的动力。

提升企业和员工的上进心可以有以下具体措施:①建立更强的创新激励机制,提高员工创新的期望收益;②建立可实现的目标,过高或者过低的目标都容易使员工的创新热情下降;③营造适度的竞争氛围,让同事之间形成良性的竞争关系,等等。

4. "配合心"与企业创新管理

创新是一个完整的过程,需要人与人之间的配合,部门与部门之间的配合,以及企业与外部之间的配合。

(1) 人与人之间的配合。有研究指出,相对于个体的单打独斗,建立在个体间合作之上的小组能够更加顺畅地生成想法和更加灵活地找到解决方案。另有研究表明,最有效的团队是那些拥有不同背景、不同能力和不同行为风格的个体组成的团队。弗莱明发现了青霉素,而真正将青霉素提取出来造福于大众的是弗洛里与钱恩,他们一起实现了青霉素的分离与纯化,并发现了青霉素对传染病的疗效。

(2) 部门与部门之间的配合。创新是一个系统工程,而并不是企业单个研发部门的任务,因此需要部门与部门之间的合作。举例来说,研发部门承载着企业未来在商品市场上的科技地位,而销售部门就像是企业的前锋部队,带着研发部所有工程师认为最好的产品,去和市场上众多的产品进行直面的比拼。销售部门深入了解市场,对市场需求进行快速反馈从而可以帮助研发部门随时了解市场动态,以便对产品有进一步的科技改进。同样,让销售与研发共事,能更加深刻地了解产品的独特竞争优势及内涵。

(3) 企业与外部之间的配合。在如今激烈的市场竞争环境下,企业仅仅通过内部研发已经无法满足市场对企业的创新需求。因此,越来越多的企业通过开展外部研发来进行创新,将自己的创新之网撒得更远。建立外部的研发联盟,建立合资公司，开展外部战略风险投资等都被视为是外部合作创新的重要途径。例如，英特尔公司赞助了五百多所大学，并且将其开放性合作实验室布局在相关领域的大学周围。这样的实验室一般拥有20个英特尔公司的研究人员和20个来自各所大学的研究员。尽管实验室归英特尔公司所有，但是研究的环境相当开放，并且部分项目是公开的。英特尔公司更加重视在大环境中快速学习，从中获取大量的新想法并获得知识产权。

5. “放下之心”与企业创新管理

“放下之心”指导企业不能惧怕创新失败，要容忍失败，才敢于创新。要创新，我们就要逐渐改变已有观念，形成一种新的价值观，不再盲目崇拜单一的成功，要能容忍失败。通常，创新99%是会失败的，因为创新是做别人没有做过的事，是在黑暗中找到一个火种，为未来开辟出一条新路。有研究指出，企业风险投资相对于独立风险投资更能促进被投企业的创新，其原因就在于企业风险投资对于失败的容忍程度更高。刘永好曾说：“企业家最重要的责任之一就是要创新，但这个过程中有可能会失误、失败，但只要是合法经营，就应该被宽容以待。容忍失败，给予支持，就是对创新创业最大的鼓励。”

6. “无实无虚之心”与企业创新管理

在创新领域，“无实无虚之心”指导企业不固执己见，吸取其他学科的思想精华，创新往往在于学科的交叉。众所周知，学科交叉是创新的源泉。20世纪是科学技术快速发展的一个世纪，由于学科交叉而形成的新学科日新月异。以生物数学为例，早在100多年前，恩格斯写《自然辩证法》时曾经认为，数学的应用“在生物学中等于零”。然而，随着时代的进步，科学的发展，情况有了很大的变化。20世纪20年代在研究渔业生产中提出人类应依据食物链原理主动调节捕获量，从而可以有足够的鱼不断供人类食用。意大利数学家伏尔泰拉与生物学家达柯纳合作，通过实地调查，建立数学模型，列出微积分方程式，得出与实际情况大体相符的结论，略加修正就可用于指导渔业生产。实践表明，这一原理也适用于生态平衡、环境保护、人口控制、疾病防治等，后来被命名为“伏尔泰拉原理”。1931年，伏尔泰拉系统总结了数学向生物学渗透的成果，撰写了《生存竞争中的数学原理》一书并出版，这标志着一门崭新的交叉学科——生物数学的问世。

另外，“无实无虚之心”还提醒企业任何创新都有其局限性和适用范围，所以不能抱着“一以贯之”的思想去创新，而要注重在不同情景下进行不同的创新。

举例来说，企业在面临市场的不同阶段就应该采取不同的创新策略。

首先，当市场处于成长阶段时，创新管理可以从四个子类型创新入手。第一个子类型是技术突破性创新，就是在市场上第一次采用某种突破性技术。第二个子类型是技术应用型创新，就是在市场上第一次将创新的技术应用于解决问题。第三个子类型是产品创新，也就是产品的性价比得到大幅度的提高，得到市场的普遍认可。第四个子类型是技术平台创新，这个时候技术已经成为市场的主流，被应用到各行各业，成为支持其他创新的一种技术平台。

其次，当市场处于品类成熟阶段时，创新管理主要发生在两个方面：一个是用户服务方面的创新，另一个是产品运营方面的创新。用户服务方面的创新包括营销创新，体验创新等，而产品运营方面的创新则包括技术工程创新和生产流程创新等。从这个阶段开始竞争会非常激烈，仅靠技术方面的独特性是无法维持企业的优势地位的，所以企业必须要进行技术创新之外的服务创新。

最后，当市场处于品类衰退阶段时，革新分为两种：有机革新和并购革新。有机革新就是在衰退期仍然要保留最关键的技术领先能力，拥有技术领先能力的企业可以利用领先的技术从衰退的品类转移到新兴的品类中去。并购革新则是企业通过外部并购，获得进入新兴产业的通道，从而摆脱所在产业衰退的本质。

7. “南北极”与企业创新管理

12 智慧元素中的“南北极”可以理解为“要什么？如何开始?”。运用在企业的创新管理之中，首先就要回答创新是什么？

熊彼特认为，所谓创新就是要“建立一种新的生产函数”，即“生产要素的重新组合”，就是要把一种从来没有的关于生产要素和生产条件的“新组合”引进生产体系中去，以实现对生产要素或生产条件的“新组合”。英国贸易工业部认为，创新是对创意的成功开发。克里斯弗雷曼认为，产业创新包括在推广一种全新(或改进的)产品或实现一个全新(或者改进的)工艺或设备的首次商业运用的过程中所涉及的技术、设计、制造、管理和商业活动。

如果没有很好地理解创新的含义，那么所做的创新管理即便有很好的意图和执行计划，那也只能发挥出部门作用。创新经常与发明混淆在一起。发明是创意广泛推广和有效应用的第一步。创新则是将创意运用于实践，进行商业化的过程。我们很多时候并不知道那些著名的发明是由谁创造的，知道的往往是那些把发明应用于商业的创业者。例如：摩尔斯被认为是现代电报之父，事实上他只是发明了以他名字命名的电码，其他方面都来自别人。他综合利用了营销手段和政治技巧，使得美国国内电报线在 5 年内超过 5 000 英里(1 英里约等于 1.6 公里)，因此摩尔斯也被称为是“那一代人中最伟大的一个”。再如：1946 年，一个叫豪的人制造了世界上第一台缝纫机，但是他的发明被一个名为辛格的人盗取，并以此为基础创建了企业。虽然辛格需要向豪支付专利费用，但是如今大家都只会将辛格和缝纫机联系起来。

在回答完了创新是什么之后，还要了解创新的重要性。创新可以为企业带来竞争优势。尽管竞争优势还源于诸如企业规模和企业资产等方面，但是在如今的竞争模式下，那些能够利用知识和技术方面的技能和经验开发新产品、新服务和新工艺流程的企业更具优势。具体来看，创新对竞争优势的贡献有如下两方面：一方面，企业的市场绩效和新产品开发之间存在显著正相关关系。新产品可以帮助企业保持市场份额，还能提高企业的盈利能力。另一方面，在竞争市场上很难仅仅通过价格优势实现销售增长，而更重要的是产品的设计和质量等因素。由于现在产品的周期越来越短，因此用创新来代替原有产品的能力就显得尤为重要。在了解了创新的重要性后，也就回答了“要什么”的问题。创新就是要获取竞争优势。

除此以外，我们还要了解如何开始的问题。一般企业创新管理的过程包括五个阶段：①审视和调查企业的内部环境和外部环境，从中找到潜在的创新信息；②对潜在的创新刺激进行战略选择，并将企业资源投入有战略意义的创新项目中去；③为企业的战略选择提供资源，即提供知识资源；④实施创新活动，经过多个发展阶段，将创新构思变成最后的创新产物——外部市场的新产品和服务，或者是企业内部使用的工艺和方法；⑤反思前面几个阶段（复卦），总结成功和失败的经验教训。

上述第5点提到要复卦。复卦是智慧入门的方法之一。复卦，即总结回顾、复习的意思。我们常说“失败乃成功之母”，这句话从概率学上讲并不正确，失败本身并不会带来成功。这句话的本质是在阐述复习总结对于成功的作用。创新创业的失败率很高，只有不断复卦，从以往成功或者不成功的过程中总结经验，才能提高下一项创新工作成功的概率。

有一种观点认为，现在社会经济生活变化那么快，复盘只是对过去经验进行总结，会不会没有意义？其实不然，因为复盘不是简单地回顾、重复过去事情的经过，而需要进行深入的分析，找到事物的内在规律，并以开放的心态进行全面的反思，具体包括：目标制定得是否合理，环境是否发生了变化，现有的策略是否有效，有无创新的可能，等等。如果发现环境变了，导致我们的目标、组织方式、策略等需要调整，就要及时去调整。事实上，虽然行业变化快，但肯定也存在一定规律和关键的成功要素。为此，复盘不仅有重要意义，也是成功之关键。它不是让你去“低头拉车”，而是让你“抬头看路”，洞悉本质、把握关键、快速应变。对于变化快的行业而言，谁能真正善用复盘，谁才能更快地迈向成功。

还有一种观点认为，对过去的复盘可能会“固化”思想，导致僵化，从而影响未来的创新，甚至有人认为复盘只是看“后视镜”。其实也不然。这只能说明他们还未能真正理解、把握复盘的精髓。复盘是以学习为导向的，真正好的复盘要挖掘出成功背后的关键因素和失败的根本原因，找出问题的本质与规律，并且保持一个开放的心态，对内外部环境、目标、策略以及执行过程进行反思、分析。因此，真正的复盘不是只看“后视镜”，它不仅不会导致封闭、僵化，反而有助于激发创新，让企业变得更加敏捷。

从复卦的形式来看，首先要做到个人工作的复盘，然后在此基础上要以研发团队形式进行。由于现代组织中许多活动都是多人、多部门协同完成的，因此团队复盘这种形式就很有必要。复盘是一种非常重要的团队学习与组织学习机制。通过集体深度会谈，研发团队的成员不仅可以相互了解彼此的工作以及相互关系，而且可以超出个人的局限性，让研发人员看到整体，并激发出新的观点。

8. “赤道”与企业创新管理

在有了上进心之后，企业就要关注如何具体开展创新工作。其中，假设前提的改变和突破是实现企业突破性创新的重要手段之一。具体的相关案例参见本书第 3 章，在此就不再赘述了。

9. “球架”与企业创新管理

12 智慧元素中“球架”可理解为多角度、正反面。在创新管理中，“球架”元素的具体应用方法包括：①用户思维；②多学科交叉融合思维。

对于经营企业来讲就是用户思维。也可以站在竞争对手的角度进行思考。换言之，创新的聚焦点，要从产品本身转移到对用户行为的深层理解上来。从客户的待办任务视角，找出客户消费的起因，然后创造出适当的方案与对应的服务体验，让客户每次都能完成他想要的待办任务，最后企业打造以待办任务为核心的组织。

创新并不神秘，也不复杂，只要我们换个角度，用另一种眼光去看待，往往会有新的突破。例如：世界汽车产业从诞生伊始，主流发展就是向动力、空间、舒适等方向不断创新。我们所看见的汽车动力越来越强劲，车身越来越长，内部空间越来越大，车的配置越来越奢华等，这些大、好、强等似乎成为汽车业竞争的标配。1933 年，波尔舍博士设计了一款大众化的汽车，1938 年 7 月 3 日在美国的《纽约时报》上，第一次将该车称为“一只可爱的小甲壳虫”。20 世纪 60 年代，甲壳虫刚进入美国时根本就没有市场，因为他和主流的汽车消费价值观不符。著名的广告大师伯恩巴克反其道行之，提出“Think small（想想还是小的好）”的主张，运用价值颠覆的力量，改变了美国人的观念，使美国人认识到小型车的优点。从此，大众的小型车就在美国汽车市场一枝独秀。

要想有原创性创新，一定要有多学科交叉与融合的思维。例如：环保技术的创新既有物理技术的应用，也有化学和生物技术的应用。具体应用方法同样可以进行列表分类分析。

10. “分类思维”与企业创新管理

分类思维在企业创新中也有很好的运用。创新可以分为产品创新（组织提供东西的变化）、流程创新（产品和服务的生产和交付方式的变化）、定位创新（产品和服务进入市场环境的变化）、范式创新（影响组织业务的潜在思维模式的变化）等。例如，微软公司用 Vista 系统替代 XP 系统，实质上优化了原有的软件创意，属于产品创新。又如，银行通过扩展支行来扩大银行服务范围就属于流程创新。面向穷人设立的小额信贷银行属于定位创新。IBM 公司出售电脑制造部门，转而建立自己的咨询和服务部门就属于范式创新。

企业研发人员如何对用户群进行划分，根据不同用户群体的不同需求，研发相应的产品，也是运用分类思维必须考虑的一个问题。

11. “法布施”与企业创新管理

“法布施”在企业创新管理中可以理解为三重意思：①对科研人员的培训；②企业创新文化的建设；③企业知识的共享。

第一，对科研人员的培训。首先，员工培训和员工发展计划是企业提高创新能力的重要依托。在对国家、行业、公司等各个层次的研究所得到的结果都支持了这一观点。这种观点认为组织在充分利用新设备、生产新产品、提供新服务方面的能力很大程度上依赖于所涉及的新知识和新技能。

让员工理解新理念和运用新设备、新工艺是一个重要的环节，但培训员工，提高员工的素质却具有更加重要的意义。例如：可以作为一种激励手段——人们很看重学习新技术和掌握新本领，同时也会感到作为组织的一员很受重视。培训和发展也是增强员工责任感、调动员工积极性的一个重要手段。创新活动需要员工具备必需的技术和一定的自信，而员工的技术和自信是需要长期的培训这一发展战略来实现的。

一方面，培训作为变革项目的一部分也是相当有价值的。当一个组织进行革新时，员工可能会由于路径依赖而产生抵触情绪。其中重要的一点是因为员工感觉到革新需要的技术能力是自己所不具备的。而培训不仅是简单地告诉人们“该怎么样”，而且包括阐述革新的原因，这样可以为新项目的推行提供润滑剂。

另一方面，培训是培养学习习惯。“学习型组织”的核心特征就是不断地发现和共同学习新知识。要做到这一点，就要求科研人员懂得如何去终身学习。

而员工很难自主达到这种要求，所以培训计划很重要的内容就是帮助员工养成学习习惯。例如：有些企业会给员工提供外语、兴趣爱好等与其业务不相关的培训，目的就是为了培养员工自我学习的习惯。

第二，企业创新型文化氛围建设。文化是一个很复杂的概念，但是基本等同于共同的价值观、信仰和共同接受的行为准则。培养一种创新氛围和文化并不是一件简单的事，且很难在短期内实现，也不是单纯依靠积极性就可以解决的。建设创新型文化涉及组织结构、沟通渠道、奖赏系统、培训政策等一整套系统内容。

具体来看，建设创新型文化大概可以包括但不限于以下几方面内容：①拥有共同的愿景规划和创新意愿；②组织设计有利于创造、学习和互动；③拥有倡导创新的领导者；④可以恰当运用团队来解决问题；⑤长期致力于员工的教育和培训，以确保员工具有高技术和能力；⑥组织不论向上、向下和横向都可以保持广泛有效的沟通；⑦热衷于广泛参与各类创新活动；⑧关注外部环境变换；⑨积极鼓励创造性的设想和建议；⑩能在组织内外体验、发现和解决问题，并交流和分享获得的知识和经验，等等。

12. “简则易从”与企业创新管理

一个新发明只有经历商业化，生产出来的新产品被市场接受了，这个创新过程才算完成，才能称为真正的创新。而在产品的商业化过程中，“简则易从”这一原则非常值得遵从。多年来，主流的创新模式都是研发具有颠覆性的先进科技，并且追求更为全面的功能。但这种模式很容易造成上市时间延后、市场价格过高、研发成本也很高的情况。化繁为简的创新颠覆了传统的创新模式，它强调针对客户群需求，以最节约的成本设计出精简而必需的功能，以及实用价值高、质量好的产品。

例如，苹果在 iPhone 智能手机操作系统 iOS 界面设计上投入了很多精力，无论是从视觉还是到易用性，iOS 都致力于为使用者提供最直观的用户体验。iOS 系统给人的第一感觉就是简洁、美观、有气质，并且操作简单，用户上手很快。

又如，雷诺汽车旗下的入门品牌达西亚（Dacia）推出面向东欧新兴市场的 Logan，舍弃了消费者其实并不在意的一些功能，如对称后照镜、一体成形的仪表板等，但对高安全性、低油耗甚至是冷气空调的必需要求，则重新设计创新。由于化繁为简，这款车的售价非常低廉，不但在东欧市场销售非常火爆，而且在经济增长几乎停滞的西欧国家也受到高度欢迎。这说明简约的创新不仅能迎合新兴市场的诉求，而且对日益精打细算的发达国家的消费者的吸引力也越来越大。

第 10 章 企业营销管理的“底层理论”及应用方法

10.1 企业营销管理的“底层理论”

与战略理论、财务管理理论、人力资源管理理论、创新理论相类似，营销管理理论也可以有很多，在此我们将不做相关综述。根据先前章节对底层的“存在”的描述，同样可以推导出关于营销管理的“底层理论”。

本书第 2 章中讲过 12 智慧元素中的“南北极”和“赤道”的概念。我们可以据此推导出营销管理的“底层理论”，推导方法如下。

营销管理，其底层首先是“要什么？如何开始？”。如本书 4.1 节和 5.1 节所讲，营销在五行模型中属金，金生水，水是财。因此，企业如果做不好营销工作，就不可能持续生财，而营销管理所追求的就是企业营业利润的持续增长。

营销管理，其底层其次是研究因果关系(函数关系)。营销管理的目标函数可以是企业营业利润对时间的一阶导数(即利润增长率)，也可以是二阶导数(即利润增长率的增长率)。如果企业的营业利润对时间的一阶导数大于零，则意味着随着时间的推移，企业的营业利润将越来越大，如表 10-1 所列。

表 10-1 企业的营业利润对时间的一阶导数大于零的近似含义

时间	1 月	2 月	3 月	4 月	5 月	6 月
营业利润/万元	100.00	105.00	110.25	115.76	121.55	127.63
增长率	5%	5%	5%	5%	5%	5%

表 10-1 中的月增长率为 5%，即企业营业利润对时间的一阶导数等于 5%。如果企业的营业利润对时间的二阶导数大于零，则意味着随着时间的推移，企业的营业利润增长率将越来越大，如表 10-2 所列。

表 10-2　企业的营业利润对时间的二阶导数大于零的近似含义

时间	1月	2月	3月	4月	5月	6月
营业利润/万元	100.00	105.00	110.51	116.60	123.35	130.85
增长率	5.00%	5.25%	5.51%	5.79%	6.08%	6.38%
增长率的增长率		5%	5%	5%	5%	5%

表 10-2 中的月增长率的增长率为 5%，即企业营业利润对时间的二阶导数等于 5%。

在明确了营销管理的目标函数以后，接下来就是研究影响目标函数的自变量。由本书第 5 章我们知道：营业利润＝营业收入－营业成本。

营业利润对时间的一阶导数等于营业收入对时间的一阶导数减去营业成本对时间的一阶导数。

通常，要提高营业收入，就需要增加营销的投入(如增加营销人员数量)，即以提高营业成本为代价。如果在不增加营销人员数量的情况下，还能够提高营业收入，就有“谁为你营销”的问题。例如：如果让你的客户为你营销(口碑效应等)就可以实现此效果。如果借助互联网为你做营销，也可以达到此效果。如果借助各类渠道为你做营销，同样可以达到此效果。

实际上，借助互联网或借助各类渠道为你做营销，也需要营销成本的，对于不同的销售对象群体，成交概率是不一样的，通过概率分析，可以更加明确，针对什么样的群体，哪类营销方案更有效率。

营业收入与营业成本之间还存在函数关系。所以，做营销还要有动态财务模型，通过此模型来优化营销策略。

对于创业企业来说，财力是有限的，各方面都需要投入，因此做好关于营销的动态财务模型是非常关键的。这对于已经较为成熟的企业而言，也同样重要。我们根据本书第 4 章的五行模型，研究了一套关于营销的动态财务模型和应用方法，这里讲的是推导关于营销管理的“底层理论”，因此不再介绍关于营销的动态财务模型和应用方法。有需要的创业者朋友可以联系我们。

通过上述分析，我们知道解决“谁为你营销”问题的三个方案中，改变为你营销的人，是营销管理的“底层理论”的第六个要素。

由上述推导而得到营销管理的“底层理论”如图 10-1 所示。

本书第 5 章中我们讲到的“对于初创企业来说，由于资金的局限性，不可能一下子招聘到顶级营销管理人才”，创业团队在招聘相关人才的同时，往往需要

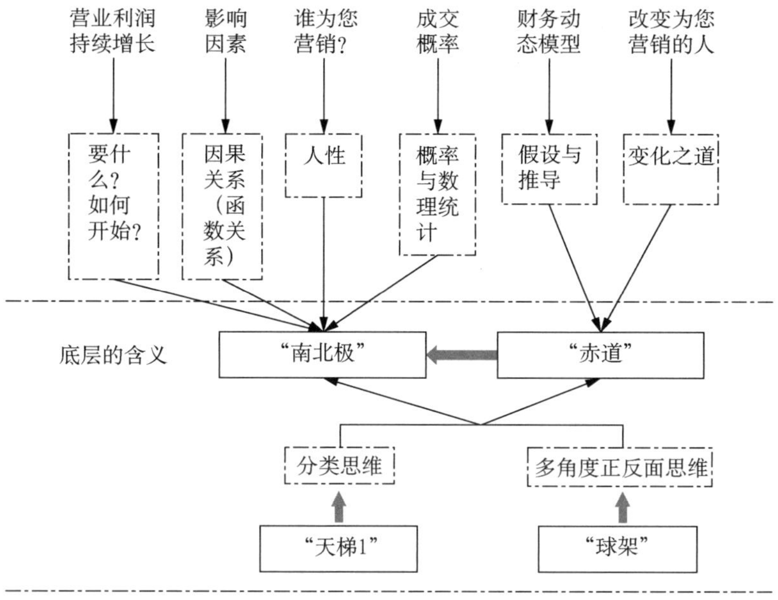

图 10-1　底层与营销管理的“底层理论”

自己从零开始学习，并且亲力亲为。按照上述推导过程的思路有可能使创业者团队快速成为半个专家。

10.2　营销管理底层的“存在”应用方法和特定产品的销售

特定产品的销售，是指创业企业自己已经拥有的产品或者服务。

1. “南北极”

1）要什么

“南北极”的概念之一是“要什么”，即实现商品销售给客户的目标。

我们的目标是实现确定产品和服务的销售。任何一个产品的生产必然是为了满足客户的某种需求，其必然具备某种使用价值。这种功能和价值也是客户购买产品的原因。在这个前提下，商品的销售过程可以拆解为：分析产品的核心功能是什么？可以满足哪些种类的需求？有这些需求的客户具备什么特征？这些客户在哪里？如何快速地让这些客户了解到该产品的功能是可以满足他们的需求的？如何让客户可以方便地获取到该产品？如果客户的触及范围内有其他竞争产品，如何在产品竞争中胜出？

2）函数关系

函数关系为：销售＝f（商品功能，目标客户，客户知晓，性价比，销售通路）。

针对确定的产品和服务，销售的实现包含如下五个要素。

(1) 产品使用功能(使用价值)是什么以及产品分析

产品的使用功能是产品存在的意义，是客户选择该产品以满足使用需求的基础。任何一家企业不会生产没有任何使用功能的产品。因为这样的产品没有用户，也就没有销售，企业的这种生产行为不具备商业上的可持续性。

(2) 客户分析

当分析清楚产品的使用功能和能够满足的需求之后，就需要对产品可能的潜在用户进行分析，并结合竞争产品一起分析，确定潜在客户的细分及本产品的目标客户群体。

产品使用功能是基础，同时产品还具备其他方面的特征：①附加功能，例如手机最基本的功能是打电话，早期的手机只有电话和短信两个功能，部分手机还有音乐播放、小游戏等功能；②产品的质量，表现为产品功能发挥的稳定性、产品的生命周期长短、产品的设计风格、产品的易用性、产品是否附带情感和文化属性、产品的生产成本等。

基于产品的上述特征，分析产品的潜在客户及消费群体，进行客户定位及细分，细化客户特征及画像，并进一步分析该部分行为特征：接触的媒体、时间安排、社交特点。针对这些行为特征，运用广告、社交媒体、实体店铺、促销活动等方式使客户能够了解到产品的特征并明确该产品可以满足自己的需求。

(3) 客户如何了解和触达产品及服务，进而可能产生购买的行为

在运用触达手段时，需要注意，尽量用简明的语言清晰地传递产品的核心特征。

(4) 与其他产品相比销售的产品性价比如何

客户在寻找商品以满足自己的需求时，通常会进行一系列对比，具体包括：价格比较、质量比较、功能比较、使用及维护成本比较等，上述一系列比较可以综合成性价比的比较。性价比的范围定位由客户定位阶段决定。一般来讲，容忍产品的性价比范围越低，可支配收入水平越低，也就是一般所说的是否买得起(用得起)、买得好(用得好)。

(5) 使用什么途径将产品和服务交付到客户手中

实物商品一般需要物理迁移到客户手中，迁移的费用是计入客户性价比因素的(或者说计入商品总价的)，因此分销网络、配送方式、配送时间周期都是重要的因素，比如啤酒这种快速消费品大量在距离客户最近的社区零售网络中实现最终的销售，而电视、冰箱这类大件耐用消费品大量在地区性大体量销售终端(商场、专卖店等)实现最终销售。近年来，随着物流配送的逐步健全，高效的大

型电商平台逐渐成为主流渠道。

3）如何开始——周围的人是否愿意买

关于此类销售活动的起步，是在完成产品分析、客户分析，并确定目标客户后，通过小规模目标客户接触，完成客户分析及产品对此类客户需求满足的验证工作，证明产品在目标客户群体中相对其他产品是具备竞争优势的。

在完成验证后，需要的工作是快速向确定的目标客户群体进行认知触达，并将产品网络铺设到目标客户可以接触到的范围。

销售过程是一个动态过程，随着自身产品的销售渠道铺开、销售行为进行，竞争产品或多或少都会有所反应，程度因需求变化稳定程度及竞争对手会有所不同。为了能够持续获得竞争优势，在产品本身调节程度有限的情况下，降价、促销等手段就是保持性价比优势的最有效手段，方法也是层出不穷。

2. “赤道”：假设与推导

产品的销售过程及管理的方法是基于以下几个隐含前提的，某种程度上来讲这是我国商品经济初期的一个较为普遍的特征，也是通常企业发展初级阶段的一个特征。

（1）假设 1——已有产品，目标为实现销售

企业结合市场调研的结果，研发设计生产了某种产品，并批量生产，面对逐步产生的库存，快速实现销售变现、回笼资金，以进入下一个阶段的产销循环，就成为当务之急。

（2）假设 2——客户只对使用功能有要求，核心是围绕使用功能展开的

销售过程实现的核心是传递产品的使用功能，工作是围绕使用功能的提炼、向客户传达、客户比较、客户收到使用展开的。针对产品的其他文化属性不做关注。

（3）假设 3——客户的经济人特征，注重性价比

客户是经济人，客户对产品的选购是基于功能、质量、易用度、维护、可获取性、销售标价等因素综合评估的性价比，不考虑客户对某类设计风格、产品文化特征的偏好。

（4）推导

有了产品（产品功能）→分析产品功能、定位目标客户群体→让客户知道产品功能→使客户通过所见范围内的比较可以确定产品性价比最优→使客户能够便利地获得。

（5）变化之道

渠道通路的下沉程度对价格加成（最终售价）的变化关系：渠道通路下沉得越

深入，产品的终端销售价格中渠道的加成部分越高，最终售价越高，但客户获得产品的便利程度也将更高，这种取舍需要结合产品销量与消费频次进行综合比选。

广告的辐射程度与产品销量的关系：销售广告投入的知名度和辐射度，一方面增加了营销的成本，降低了经营利润，但另一方面也更多地占据了消费者的心智，对于促进销量效果明显。特别对于时尚潮流产品，以及重复消费程度不高的商品而言，由于更多地追求一次性销售的实现，于是更多采用产品广告的形式，央视标王、户外广告和电视购物就是非常明显的例子。

3. “球架”：多角度、正反面思维

(1) 多角度——用户视角

通常的用户视角是：买质量好的、用得久的、贵的，还是便宜一点的。

在进行产品功能分析、客户分析及定位时，站在潜在客户群不同分层的视角，统一看待产品和竞品，并客观评价产品的性价比，得出该分层潜在客户产品排序，并最终确定本产品的主打客户群体定位。

(2) 多角度——竞争产品视角

站在竞争产品的视角，分析竞品在面对本产品带来的竞争时，基于自身产品和企业的特征，可能采取什么措施来应对：价格战、退出竞争还是调整产品，进而做好预判和预案。

(3) 正反面——经销商销售难度(知名度、质量)及获利程度

从产品交付途径方式来看，包括自建渠道网络、利用经销商渠道网络这两种完全不同的思路。自建渠道网络方式的特点：渠道成本高、销售过程可控、可以快速了解和反馈市场信息、渠道有建设周期、终端销售服务水平较高。利用经销商渠道网络方式的特点：渠道成本低、可以快速布设网络、销售过程相对可控度低主要为价格策略、对市场的反馈过程慢、终端销售服务水平较低。

一般标准化产品、快速消费品、单价较低的产品较适合利用经销商渠道；非标产品、高价值产品、使用复杂和服务类产品则较适合自建渠道。

4. “天梯1”——分类思维

分类思维本身是一种集约化思维，通过分类可以发现共性，针对共性设计统一的实施方式，从而实现“规模效应”。

基于同一使用功能形成的产品线，满足不同用户类型的需要。

企业具备某项技术，基于技术研发生产的产品具备某种使用功能，在经过客户细分和满足后，在后续的研发—生产—销售循环过程中，可以不断地迭代产品，不但巩固已有的目标客户群体，而且可以向相邻目标客户群体通过优化性价比进入其领域。从某种程度上来说，这已经升级为满足某类需求的营销阶段了。

5. 有可能快速成为半个营销管理专家的简易工作程序

综上分析,我们可以归纳出如下营销管理工作简易程序:

(1) 产品/服务的定价;

(2) 写好产品/服务的介绍;

(3) 在不同销售渠道进行推广;

(4) 概率评估和动态财务模型,即评估不同渠道的成交概率、投入成本和产出情况;

(5) 调整与改变,即在上述概率评估和动态财务模型的基础上,进行调整和改变。

10.3 底层的“存在”与进一步提升的方法

1. 有可能成为营销专家的提升方法

正如本书第 5 章所讲,有可能成为营销专家的思维切入点是在“赤道”“天梯1”两种思维下,进一步下功夫,即在 10.2 节中的假设 2 和假设 3 上再下功夫。具体工作如下。

(1) 在推广过程中的潜在用户意见反馈和分类整理

客户只对使用功能有要求,但并不构成购买行为。因此,分类整理客户对哪些使用功能有要求。

客户对某类设计风格、产品文化特征有偏好,但并不构成购买行为。因此,分类整理客户对哪些设计风格、产品文化特征有偏好。

(2) 及时改进和推出新一代产品

根据上述潜在用户的意见反馈和分类整理,对产品与服务进行及时改进,并推出新一代产品。

2. 有可能成为顶级营销专家的提升方法

正如本书第 5 章所讲,有可能使人成为顶级专家的思维切入点是 12 智慧元素中的“福德入门”“天梯 2”和“球架”。

显然,要想成为顶级营销专家,已经超越了营销学理论本身,更多的是底层的“存在”。例如:创业企业在初创期,由于资金缺乏,没有财力做更广泛的“财布施”,如此便需要融资,而能否融资成功,则需要更广泛的智慧与福德。又如:要做好“法布施”,创业团队自身就需要不断地修炼和提升,并且创业团队自身需要接受相关培训。

10.4 特定需求的满足

我们定义特定需求的满足过程为：市场中新出现了某种客户需求或者某种特定需求被满足的效率比较低，出现了新技术、新模式能够大幅提升该需求的满足效率，通过构建产品或者利用技术和模式的优势优化产品的方式，更好地服务该特定需求的过程。

1. “南北极”

1）要什么

“南北极”的概念之一是“要什么”，即客户或者市场上存在某种需求，通过构筑或优化产品去满足他们。

客户存在某种需求，该需求在既有条件下或者没有被满足，或者基于某种技术或者商业模式情况下被低效的满足。企业具备某种技术或者商业模式的应用能力，可以通过优化或者重构产品，来满足需求或提升此类服务被满足的效率。

需要注意的是，通常判断下的客户需求没有被满足的情况，有可能是该类需求是伪需求，即在被调研时，客户表示有此需求，然而一旦设计出产品，客户并不愿为该产品或者服务付费，在此情况下既有可能是该需求非刚性需求，也有可能该需求的满足成本过高，不满足经济型特征。最典型的案例为近两年大量 OtoO 项目被实践证明为伪需求。但是，需要提示的一点是，部分商业模式中用以改变用户习惯的产品和服务并不能简单归结为伪需求。

结合新技术、新模式构造出来的新产品能否有效地满足客户需求，还需要通过小规模客户测试来验证，只有客户测试证明需求得到了有效满足，并且这种满足在客户及企业两方面均满足当下的经济型或者长期的经济型（规模或者其他变现模式），产品才能被定义为完成。

在此营销过程中，微观企业主体可能具备某项新兴技术、新型商业模式经验、设计能力和制造能力，却不必全部能力均具备，但必须具备以需求和客户为基础的产品重构的整合能力，创投等产业金融工具也十分丰富。这既是社会化分工高级阶段的体现，也是金融模式高级阶段的体现。

2）函数关系

函数关系为：销售＝f（需求，新技术新模式，产品服务的优化，用户测试，确定产品，推广与送达），该过程包含如下六个参数。

（1）需求

随着社会、经济、技术的发展，新的需求得以产生，例如随着人民群众的物质需求得到极大满足之后，影视、游戏、文化、亚文化类等需求正在逐渐盛行。人们常说“需求创造供应”，的确如此。语音、语义识别一直是人类的一个需求，但在信息收集、存储成本巨大的时代，满足这个需求是不具经济和技术上的可行性的。然而，随着现代互联网、大数据、云计算和人工智能算法的技术与经济型发展，现在语音、语义识别已经相当成熟，并正在向产业应用领域转化。

在当下，人们某种需求的满足效率或许是比较低的。但是，随着技术进步和模式创新，需求具备了更高效被满足的可能，新产品或新服务将被创新和创造。例如，在出行领域，传统的出行模式包括个人出行（步行、自行车、私家车、私人飞机）、公共出行（公交巴士、出租汽车、火车、航空航班），个人出行和公共出行在设备、成本负担等方面是相互独立的。随着人口增长、城市化率的提升，城市交通面临着巨大的压力，个人出行、公共出行在交通资源、交通工具的使用等方面存在着很大的资源浪费。然而，随着互联网、移动互联网、物联网等技术的进步，共享经济商业模式的创新，如摩拜、ofo、小鸣单车等共享单车，优步、滴滴等共享汽车已深入地改造了出行领域。

（2）新技术、新模式

新需求的出现和传统需求的低效满足提供了产品创新的前提和基础，但产品创新依托的是技术进步和模式创新。

（3）产品的优化

新技术、新模式在产品创新中的应用不是简单的，新技术甚至新原理通常有个产业化应用的过程，特别是技术在产品中的应用还要有许多的材料、自动化等领域的准备和配合。

新模式的应用往往会颠覆需求被满足的形式，在企业内部机构设置方面造成翻天覆地的变化。例如，传统自行车企业的业务部门设置包括：设计、生产、销售等部门，而共享单车企业的业务部门设置则主要包括：系统开发、运维、客服、公共关系等部门。

（4）用户测试

产品构建完成后，需要提供客户以进行用户测试，测试的内容包括：①客户需求是否被满足；②与其他产品相比，满足的效率和体验如何？③客户是否愿意为产品付费，以及付费多少？④是否发现了客户的其他需求？

（5）确定产品

根据用户测试的结果，对产品和服务进行改进升级，并将改进的产品再次提供用户进行测试，从而不断对产品进行迭代，以提升产品满足需求的效率，并进而优化商业模式。

(6) 推广与送达

产品稳定后，在商业模式的指引下，将产品向目标客户进行大规模推送。

2. “赤道”

(1) 假设1——需求第一位，有新需求或者需求未被很好的满足

当有新的需求产生时，按市场经济的基本原理，有需求就会有供应来满足需求。经济和社会发展的规律显示，随着人们基本温饱的解决，享受型或文化型消费的需求就会出现，现代化的织布机替代了纺织女工，虽让纺织女工这个职业日渐式微了，但现代服务业的蓬勃发展使社会的总生产规模持续上升，也就是说新需求在不断地被创造出来。

既有需求的满足是受限于技术经济水平和商业模式的，因此当技术突破或者商业模式创新时，需求就存在被更好地满足的可能。

(2) 假设2——满足需求的设计、技术、生产加工、商业模式可得，金融工具的支持

现代社会，分工越来越细，专业化程度越来越高，市场经济机制越发完善，设计、技术、生产加工、营销推广等能力都能够通过市场化的方式获得，创投模式更在金融角度对创新提供了强烈的支持。

(3) 假设3——整体逻辑具备商业可行性

产品创造的价值高于消耗的成本。在客户价值增值的部分中拿一部分作为企业收益；或者产品和服务更大的用户使用量能够摊薄产品的研发、运营成本，具备规模效应；再或者提供产品时获取了客户其他行为数据，该部分数据具备额外的商业价值。

如果商业模式不具备可行性，或者商业模式还未找到可行性，则不具备持续性。

推导过程：哪些客户的哪些需求还没有被很好地满足(需求)？→现有的满足方式有哪些，效率如何？→有什么新技术或者新模式具备优化满足效率的可能？→设计和构建产品(产品经理)→设计和研发相关技术等→市场推广、理念传递→售后服务、持续关怀。

变化之道：技术手段的不同、商业模式的变化、文化风格植入的差异。

3. “球架”

(1) 抽象出来需求，忽略产品和功能。

(2) 发现新需求及优化旧需求，新需求的出现有什么规律？

(3) 不同技术实现的成本和体验。

(4) 不同模式实现的成本和体验。

（5）不同文化及理念诉求的成本和体验。

4.“天梯 1”

“天梯 1”的具体应用体现在：色系分类、场景分类、文化分类、年龄分类。

10.5　小结与讨论

如果创业企业将营销管理当成狭义上的营销管理，就难以做好营销管理工作。如果将营销管理概念提升到超越传统营销管理理论范畴，甚至提升到超越传统经济学与管理学的概念范畴，才有可能做好营销管理工作。

如果将营销管理中的培训当成狭义上的方法和能力等方面的培训，就难以培训出营销岗位所需的“顶级人才”，本书 5.3 节中所讲的内容，就已经超越了传统的培训概念，只有如此，才有可能做好培训工作。

第 11 章
局限性与突破思路

11.1 局限性

19 世纪的最后一天，欧洲著名的科学家们欢聚一堂。会上，英国著名物理学家威廉·汤姆森发表了新年祝词。他在回顾物理学所取得的伟大成就时说，物理大厦已经落成，所剩只是一些修饰工作。这种思想在当时的物理界普遍存在。但是，随着解释物理学中的“两朵乌云”，发现了相对论与量子论，从而彻底改变了物理学家们的认识。

“底层的理论”是有局限性的，因为它来自假设前提下的推导，而假设前提可能是在不断变化的。

物理学中量子力学的“波函数塌缩”概念，应用于所有人和事的时候，可理解为：当愿力大到一定域值时，就可能“梦想成真”。这种“波函数塌缩”和愿力的概念，不仅属于底层的“存在”，而且，底层下还可能有底层的底层的“存在”，这就是人类为什么总是存在着局限性。

上述所讲的局限性可能是无止境的，即存在局限还有局限。因此，我们无法找到彻底解决局限性的方法，只能提出解决思路。

11.2 突破局限性的思路

1. 个人(或者少数人)力量的局限性和突破思路

一个人可能成不了事，一个普通的人可能搬不动 100 公斤重的石头，两个人就有可能搬得动。少数人的力量同样可能成不了事，如果有很多人集中力量，就有可能成很多大事。

2. 思维的局限性和突破思路

人类的思维有宗教思维、哲学思维、科学思维、工程技术思维、经济学思维、文学与艺术思维等。我们很难严格定义不同思维的特点和区别，但是每一种思维方式都有其局限性。对于人的成长而言，需要有各种思维的交叉融合。因此，思维局限性的突破思路之一是各种思维的交叉融合。

3. 学习的局限性和突破思路

学习可以让人知道，但是现实中往往是知道而做不到。如果想真正做到，则需要养成习惯，而养成习惯，不仅是通过学习来知道，而是需要自我修炼。因此，学习局限性的突破思路之一是自我修炼。

4. 教育、咨询的局限性和突破思路

教育、咨询往往只能做到让人"知"，而不能使人做到知行合一。如果要想使人做到知行合一，可能就需要培训，这好比体育老师与篮球教练的区别。体育老师可以教授学生如何打篮球，但是各种动作习惯则需要培训。通过培训才有可能真正培养出优秀的运动员，而培训就是教练的工作。因此，教育局限性的突破思路之一是培训。

5. 自我修炼的局限性和突破思路

即使有人可以做到自觉地进行自我修炼，但是自己的毛病和坏习惯，可能自己也不知道，就如自己看自己需要借助镜子一样，即使借助镜子，看到的是反向的自己，即自己的左手在镜子中反映出来的却是右手。这就好比自己练习打篮球与有教练训练打篮球的效果可能是天壤之别，自己练习打篮球与有人陪练打篮球的效果也可能是天壤之别。因此，自我修炼局限性的突破思路之一是接受培训和共修。

6. 关于我们

基于上述局限性及其突破思路，我们将建立一个共享放大平台，欢迎读者朋友们积极参与。联系方式为读者邮箱：interaction2020@163.com。

参考文献

[1] 艾尔弗雷德·钱德勒.战略与结构[M].北京天则经济研究所,北京江南天慧经济研究有限公司,选译.昆明:云南人民出版社,2002.

[2] 亨利·明茨伯格,布鲁斯·阿尔斯特兰德,约瑟夫·兰佩尔.战略历程:穿越战略管理旷野的指南[M].魏江,译.北京:机械工业出版社,2012.

[3] H.伊戈尔·安索夫.战略管理[M].邵冲,译.北京:机械工业出版社,2013.

[4] Michael E. Porter. What is strategy? [J]. Harvard Business Review, 1996:59-79.

[5] 三谷宏治.经营战略全史[M].徐航,译.南京:江苏凤凰文艺出版社,2016.

[6] 亨利·明茨伯格,约瑟夫·兰佩尔,詹姆斯·布赖恩·奎因,等.战略过程:概念、情境与案例[M].耿帅,黎根红,等译.北京:机械工业出版社,2017.

[7] 伦纳德·谢尔曼.哥伦比亚商学院商业策略课[M].李欣,译.长沙:湖南文艺出版社,2018.